Spirit Move – entdecke die Kraft in dir

SUE DHAIBI

Spirit Move

entdecke die Kraft in dir

Die 8 Schritte zu mehr Mut,
innerer Unabhängigkeit
und Resilienz

Ansata

Penguin Random House Verlagsgruppe FSC® N001967

Erste Auflage 2021
Copyright © 2021 by Ansata Verlag, München,
in der Penguin Random House Verlagsgruppe GmbH,
Neumarkter Straße 28, 81673 München
Alle Rechte sind vorbehalten. Printed in Germany.
Redaktion: Ralf Lay, Mönchengladbach
Abbildung Spirale: Markus Weber, Guter Punkt GmbH, München
Umschlaggestaltung: Guter Punkt GmbH, München
unter Verwendung eines Motivs von: © bb-doll/Getty Images
und eines Fotos von Sue Dhaibi: © Mark Hochstrasser
Satz: Satzwerk Huber, Germering
Druck und Bindung: GGP Media GmbH, Pößneck
ISBN 978-3-7787-7567-7
www.Integral-Lotos-Ansata.de
www.facebook.com/Integral.Lotos.Ansata

Botschaft des kollektiven Bewusstseins

Deine Seele besteht aus einem unendlichen Quell an Liebe und Inspiration. Sie trägt die Kraft in sich, alles heilen zu können. Sie wartet geduldig auf den Moment, in dem du dir dessen bewusst wirst.

Erlaube dir, die Verbindung zu deinem wunderbaren inneren Kern herzustellen, und du entdeckst, dass du weit mehr bist als das, was du als dein Ego oder Ich bezeichnest. Deine Seelenkraft wird dich über alles hinwegbegleiten und dir Momente von Glück, Inspiration und Wahrhaftigkeit schenken.

Inhalt

Einige Worte vorab

Mein Leben mit all seinen Herausforderungen hat mich so weit gebracht, dass ich mich auf eine der spektakulärsten und magischsten Reisen wagte, wie ich sie mir kaum hatte vorstellen können: Meine bisherige Erfahrung inspirierte mich dazu, das menschliche Bewusstsein in seiner Unendlichkeit zu finden und darüber hinaus den Boden auf Erden wiederzuentdecken.

Wir können, wenn wir uns den Raum dafür geben, neue Wege finden, indem wir uns gewissen Gedankenmustern und Blockaden stellen, sie erkennen und verändern. Wenn wir uns als Individuum wahrnehmen und uns erlauben, eins zu sein mit der Menschheit, dann entdecken wir die unbegrenzte Kraft der kollektiven irdischen Erfahrung.

Selten war die Zeit günstiger als jetzt, uns selbst bewusst wahrzunehmen und uns Klarheit über unsere eigenen Bedürfnisse zu verschaffen. Wir sind dabei alle genau an dem Punkt in der Evolutionsgeschichte, an dem wir sein sollten. Also gönnen wir uns erst einmal einen bewussten Atemzug, um tiefer in unser Innerstes einzutauchen, wo wir das große Ganze finden können.

Wir erleben gerade eine Zeit, die uns sehr fordert. Sie kann unser Dasein faszinierend und kreativ bereichern.

Oder wir verfangen uns zeitweise in Angstzuständen und empfinden Druck. Vielleicht befinden wir uns schon länger in einem Veränderungsprozess und wünschen uns nun noch mehr Widerstandskraft in unserem Leben. Irgendwie scheint uns die Erde, oder besser gesagt die Gesellschaft, auf eine neue Ära vorbereiten zu wollen. Wir sind dazu angehalten, besser zu erkennen, wer wir sind und wohin wir uns entwickeln wollen. Als Individuum, aber auch als Gemeinschaft.

Jetzt, genau in dieser Zeitqualität, bekommen wir die großartige Chance, stärker und bewusster zu werden und uns mehr und mehr von alten Blockaden zu befreien. Der Spirit Move, wie ich ihn in diesem Buch beschreiben werde, soll dir dabei als Orientierungshilfe dienen, indem er dir durch acht Bewusstwerdungsschritte hilft, ein spirituelles Selbst-Update zu durchlaufen und mehr im Hier und Jetzt zu sein und zu erkennen, sodass du deine Interdimensionalität und Verbundenheit mit der geistigen Welt ganz bewusst leben kannst, ohne dabei die Bodenhaftung zu verlieren. Der Spirit Move unterstützt dich dabei, überholte Muster und Verhaltensrollen loszulassen, um dich Schritt für Schritt zu einer neuen und um Zufriedenheit bereicherten Zukunft zu inspirieren.

Eine kurze Bemerkung vorab: Ich verwende hier zwar zumeist die männliche Form im Sinne des besseren Leseflusses, richte mich natürlich aber immer an alle Geschlechter.

Du verfügst bereits über die ganze Kraft, um alle Herausforderungen deines Lebens zu überwinden – solche aus der Vergangenheit, aus der Gegenwart und sogar auch die zukünftigen. Ja, denn auch die Zukunft ist bereits in dir. Alles, was du brauchst, sind Mut, Wille und Geduld, um den Zugang zu diesen Lösungen in dir selbst zu finden.

Der Weckruf

Der Gedanke, dass wir Menschen eine grundlegende Veränderung brauchen, ist nicht wirklich neu. Dieses Gefühl begleitet uns wohl schon seit einer ganzen Weile. Spätestens jedoch seit wir auch in unseren Breitengraden die Fähigkeit entwickelt haben, achtsamer und bewusster im Hinblick auf die Ganzheitlichkeit allen Geschehens denken zu können. Die Zeitqualität, in der wir uns gerade befinden, ist hingegen relativ neu. Sie bringt seit den Anfängen in der sogenannten »New-Age-Bewegung« der Sechzigerjahre viel Dynamik und eine recht explosive Stimmung mit sich. Dies und auch die Unterstützung des kollektiven Wachstums ermöglichen es uns, dass wir uns schneller denn je weiterentwickeln können.

Manche haben angesichts des viel zitierten »Wassermann-Zeitalters« die Vorstellung, dass sich durch diese veränderte astrologische Konstellation alles automatisch in Richtung Liebe, Freiheit und neues Bewusstsein auf der Erde entwickeln würde. Wir wollen den inneren wie auch äußeren Frieden und gesellschaftliche Freiheit und Gleichheit erleben. Doch wie leicht ist es, als globale Gemeinschaft solche Ziele zu erreichen? Der Alltag bietet uns allzu oft ein ganz anderes Bild, und große Ernüchterung macht sich breit. Wir versuchen, gute Menschen zu sein, und merken, dass diejenigen, die in dieser Hinsicht offenbar weniger Skrupel haben als wir, scheinbar besser und schneller vorankommen. Es ist manchmal so, als ob derjenige, der die spitzesten Ellenbogen hat, wesentlich mehr vom Kuchen abbekommt als derjenige, der sich auch um das Wohl des anderen sorgt.

»Was für eine unfaire Welt!«, könnte man sagen. Bringt uns aber nichts. Dies würde uns noch mehr in die Ecke des Selbstmitleids drängen. Vielmehr sollten wir genau jetzt ein

Licht in all der Verwirrung und Ungerechtigkeit sein. Unbeirrt von der Versuchung, nur noch egoistisch zu handeln, können wir unserem spirituellen Wesen treu bleiben und einen alternativen Weg suchen, um die Welt zum Besseren zu verändern.

Wir sind nun bereit dazu, aus unserer manchmal lähmenden Bequemlichkeit auszubrechen und nach einer neuen Version unserer Zukunft Ausschau zu halten. Wir ebnen unseren Weg, der diese Zeitqualität ermöglicht, neu. Wir wollen jetzt nicht mehr nur hoffen, wir wollen von nun an aktiv und bewusst am Leben teilnehmen, um für eine bessere Welt einstehen zu können. Das Paradies, das uns die Erde schenkt, will von uns erkannt und gewürdigt werden. Was uns daran hindert, es außerdem zu leben, sind in vielen Fällen vor allem wir selbst. Daher ist es umso wunderbarer, dass du ein wichtiger Teil einer großen Bewegung für eine bessere Zukunft bist. Nimm dir Zeit, deine alten Verletzungen anzuschauen, damit du gestärkt in eine positive Veränderung gehen kannst. Du wirst sehen, dass auch ich viel Zeit damit zugebracht habe, meine Narben genauer zu betrachten, und sie nach und nach sogar lieben lernte.

Im täglichen Leben erliegen wir oft der Versuchung, uns von uns selbst abzulenken oder uns mit anderen zu vergleichen. Dies entfernt uns in vielen Momenten von unserem inneren Kern und einer grundsätzlichen Zufriedenheit. Wenn wir uns die Zeit gönnen und in Ruhe immer wieder in uns hineinfühlen, können wir hingegen erkennen, dass wir längst bereit sind, unsere wahren Bedürfnisse zu stillen und einen neuen Lebensabschnitt mit größerer Bewusstheit zu beginnen. Wir verspüren dann die Sehnsucht nach mehr Sinn im Leben und manchmal sogar den persönlichen Wunsch, aus engen Strukturen auszubrechen. Die Zeit ist reif, uns einen Weg in uns freizuschaufeln, damit wir die wichtigen Schritte auf der nächsten Etappe machen können.

Beim Lesen der folgenden Kapitel wirst du womöglich einige Aha-Momente erleben, weil du dir als Beobachter deine inneren Prozesse anschaust und dadurch beginnen kannst, dich von unnötiger Selbstsabotage zu befreien. Damit wir alle ein wahrhaftigeres Leben führen können, dürfen wir genau jetzt zulassen, dass wir uns unserer wunden Punkte bewusst werden. Denn diese sind, wenn wir sie aus einer neuen Perspektive und mit neuem Bewusstsein betrachten, vielleicht nur noch im Nachgeschmack wund. Wir fühlen dann, dass wir eigentlich schon lange über diese alten Verletzungen hinweg sein könnten und sie nur noch in Form einer Erinnerung und nicht als aktiven Schmerz mit uns tragen, der uns daran hindert, glücklich zu sein.

Zur Veranschaulichung dieses Aspekts eignet sich das Beispiel des Phantomschmerzes. Das ist der Schmerz, den Menschen empfinden, wenn sie zum Beispiel ein Bein verloren haben. In manchen Fällen empfinden sie danach immer noch Schmerzen, die sie in diesem Bein lokalisieren. Schmerzen, die eigentlich gar nicht da sein können. Nur die Erinnerung daran reagiert also auf diese Art in den Nerven, wie ein Phantom.

Es ist kein Geheimnis, dass wir uns oft zwiegespalten fühlen. Wir spüren eine Seelenkraft in uns, mühen uns gleichzeitig aber mit einem materiellen Körper ab, der nicht immer gerade das tut, was wir wollen. Wir haben einen recht hohen Anspruch an uns selbst, die Gesellschaft, vielleicht auch an unsere Beziehung oder Familie, und wir wünschen uns ein zufriedenes Leben, das uns hin und wieder etwas herausfordert, vielleicht in Form eines kleinen Handlungsimpulses oder Kicks. Doch auch, wenn wir genau diesen dann eigentlich in die Tat umsetzen würden, passiert es doch recht häufig, dass wir uns durch vergangene Erlebnisse oder Ängste irgendwie daran hindern lassen. Wir werden also von Selbstsabotage oder wiederkehrenden Negativresonanzen begleitet, die wir in unserem Leben eigentlich nicht mehr wollen. Und das, obwohl wir spüren, dass wir im Grunde unseres Herzens Schritte gehen möchten, damit unser eigentlich klarer und inspirierter Geist sein wundervolles Werk vollbringen kann.

Manchmal scheint dann ein einschneidendes Ereignis als Weckruf not-wendig (im Sinne von »die Not wendend«) zu sein, um eine Korrektur und eine Neuausrichtung vornehmen zu können. Mir kommt es oft so vor, als ob die globalen Ereignisse uns einen Weckruf nach dem anderen auf dem Silbertablett servieren. Wir müssen und dürfen in uns eintauchen und immer wieder nach neuen Antworten suchen beziehungsweise das konsequent umsetzen, was wir schon länger als richtig erkannt haben. Wir wollen wissen, was jetzt ansteht und welche Form unser Leben angesichts der aktuellen Umstände annehmen soll.

Für viele war ihre persönliche Geschichte bereits Anlass genug, sich auf eine innere Befreiung zu konzentrieren, andere wurden vom besagten Geist des »Neuen Zeitalters« dazu angeregt.

Sehr viele Menschen durfte ich in den letzten Jahren spirituell begleiten. Die daraus gesammelten Erkenntnisse und die Tatsache, dass ich selbst ein paar tiefe Narben mit mir trage, haben mich dazu inspiriert, mithilfe des kollektiven Bewusstseins den Spirit Move zu entwickeln.

Gegen den Strom

Die Zeit ist reif für ein spirituelles und inspirierendes Miteinander, auch wenn es sich manchmal so anfühlt, als ob man mit diesen Gedanken noch immer gegen den Strom schwimmen muss. Wir haben nach wie vor nur allzu oft den Eindruck, dass ein ausgeprägtes globales Gegeneinander vorherrschen würde.

Davon dürfen wir uns aber nicht beirren lassen. Lassen wir die Veränderung in uns ihren Anfang nehmen, bevor wir Konzepte global und im Außen anzustoßen versuchen. Der Spruch »Veränderung beginnt zuerst in dir« ist ja altbewährt und beruht auf einer profunden Weisheit.

Die Menschheit befindet sich potenziell in einem wundervollen, nur noch nicht ganz fertig geschliffenen Zustand, der auf lange Sicht Unglaubliches möglich machen wird. Wenn wir es wollen und geduldig mit und auch ehrlich zu uns selbst sind, dann kann das Leben aus der aktuellen Zeitqualität heraus eine neue, bessere Form annehmen. Alles, was jetzt geschieht und was wir jetzt entscheiden, wird sich wie immer langfristig auf die Entwicklung der Menschheit auswirken. Bis auf die kommenden Jahrhunderte! Also strengen wir uns ein wenig an und entdecken in uns, was wir brauchen und wollen, um die Weichen richtig zu stellen, selbst wenn uns dabei ab und zu ein kalter Wind ins Gesicht blasen sollte.

Manch einem käme die Möglichkeit von Zeitreisen vielleicht ganz gelegen, um vieles rückwirkend »zum Guten« zu wenden. Ich hingegen bin ganz froh, dass das zurzeit noch niemandem möglich ist. Denn das würde wohl mehr Chaos stiften als Heilung bringen. Unser Lebensplan sieht vor, dass wir bestimmte Entwicklungen durchlaufen. So gesehen kann man gewissen Schicksalsschlägen nicht entkommen.

Am besten fangen wir also damit an, unsere in der Vergangenheit getroffenen Entscheidungen ebenso wie die daraus resultierenden Folgen zu akzeptieren. Das Gute daran ist, dass wir die Konsequenzen, sollten wir sie noch erleben, auch ohne die Möglichkeit des Zeitreisens beeinflussen können – wenn wir uns neue Perspektiven erlauben und uns nicht durch Sturheit, eine Opferrollenhaltung, Kontrollzwänge oder gar unreflektierte Besserwisserei selbst sabotieren. Wenn ich hier diese deutlichen Worte nutze, dann spreche ich aus Erfahrung. Denn aufgrund meiner eigenen Geschichte war ich eine Zeit lang selbst recht streng, frustriert und unflexibel. Damals habe ich mir und bestimmt auch einigen anderen das Leben manchmal sicher recht madig gemacht.

In den folgenden Kapiteln werden wir gemeinsam einige Rückblicke in meine Vergangenheit machen. Anhand dieser Beispiele wirst du nachvollziehen können, dass man aus eigener Kraft heraus und vielen Schwierigkeiten zum Trotz sein Leben bestimmungsgemäß führen kann. Du wirst sehen, dass man, wie es so schön heißt, resilient werden kann. Und wenn du den Zugang zu dir findest und darüber hinaus in ein kollektives Bewusstsein eintauchen lernst, wirst du schließlich den Zauber deiner interdimensionalen Reise erkennen und sozusagen per aspera ad astra gelangen können, »durch ›das Raue‹ zu den Sternen«, wie schon die Römer sagten.

Resilienz

In der Psychologie und verwandten Disziplinen wird der Begriff »Resilienz« im Sinne von »Widerstandskraft« verwendet. Er bezeichnete früher vor allem die Eigenschaft von Personen, insbesondere Kindern, ihre psychische Gesundheit unter Umständen zu bewahren, unter denen die meisten Menschen zerbrochen wären.

Das Wort ist abgeleitet vom lateinischen Verb resilire, das mit »zurückspringen« oder »abprallen« übersetzt wird.

Die Anbindung an ein
höheres Wissen

Unabhängig von ihrer Vorgeschichte – ob der Weg nun steinig war oder eher ein geebneter Pfad in beschaulicher Landschaft – entwickeln in der aktuellen Zeit viele Menschen die Fähigkeit, Dinge zu fühlen, die vermeintlich jenseits ihrer physischen Wahrnehmung liegen. Durch die allgemeine Verstärkung dieser intuitiven Impulse entsteht vermehrt das Bedürfnis, das Wahrgenommene genauer zuordnen zu können. Gerade jetzt, da so vieles unsicher scheint, erhoffen sich viele Menschen, durch die eigene Anbindung an ein höheres Wissen ein Stück weit Erklärungen für die eigenen Lebensaufgaben und Blockaden zu erhalten.

Als Medium und spirituelle Lehrerin habe ich gelernt, diese in uns schlummernden Fähigkeiten für mich und andere zu nutzen. Durch die Öffnung meiner Wahrnehmungskanäle erkannte ich, dass unser Bewusstsein trotz aller materiellen Beschränkungen wie ein funkelnder Kristall in sämtlichen Farben leuchten kann. Diese Farben repräsentieren das gesamte Spektrum unserer Fähigkeiten, Wünsche, Bedürfnisse und auch Ängste. Wenn dieser Kristall, also unser innerster Kern, richtig beleuchtet wird, dann erkennen wir, dass darin jede erdenkliche Farbe mit allen anderen gleichzeitig zu sehen ist. Jeder trägt also alles in sich.

Wir alle besitzen in dieser Inkarnation unterschiedlich ausgeprägte und außergewöhnliche Fähigkeiten. Zumindest haben wir neben der physischen Wahrnehmung auch die »übersinnliche«. Und so verfügen wir über einen ausgeprägten inneren Sinn, auch wenn wir ihn nicht immer aktiv nutzen oder überhaupt wahrnehmen. Gleichzeitig sind wir nicht nur »Seele«, sondern auch von einem höheren Bewusstsein »beseelt«. Recht oft kommuniziert dieses Bewusstsein mit uns, indem es uns Botschaften schickt, und zwar in Form von Visionen oder Hinweisen über unser »Bauchgefühl«, sprich unsere Intuition. Diese innere Art des Dialogs regelmäßig zu führen, wäre prinzipiell wichtig und grundlegend für unsere Entwicklung. Wenn wir uns darauf verständigen könnten, mehr auf diese »innere Stimme« zu hören, dann würde sich Wunderbares entfalten.

Auch wenn wir erkannt haben, dass wir in allen Farben funkeln könnten, so steigt dennoch manchmal noch die nagende Frage in uns auf: »Wer bin ich?« Wir kommen dabei ins Grübeln und hoffen, dass uns vielleicht irgendjemand anderes diese Frage beantworten kann. Wenn wir uns aber eigenständig auf den Weg machen und dieser Frage nachgehen, gelangen wir früher oder später zu dem Schluss, dass wir nur durch den Zugang zu unserem Innersten eine Antwort darauf erhalten können.

Ich jedenfalls beanspruche keinesfalls, die großen Fragen des Lebens in diesem Buch zu beantworten. Von Herzen wünsche ich mir aber, dir dabei behilflich sein zu können, ein paar persönliche Dinge mit dir selbst zu klären, die dich bisher möglicherweise davon abgehalten haben, die Anbindung an das höhere Wissen zu finden und in dein persönliches Funkeln zu kommen:

- Einsamkeit ist eine Illusion. Wir alle sind miteinander verbunden und tragen alles mit.
- Deine Aufgaben sind nicht an die physische Zeit gebunden, du erlaubst dir deine Entwicklung in deinem Tempo.
- Eigenverantwortung stärkt deine Verbindung zu deinem Innersten.
- Viele Welten sind miteinander verbunden und beeinflussen sich gegenseitig. Du bist Teil einer großen interdimensionalen Erfahrung.
- Du hast, bevor du hierhergekommen bist, Ja gesagt. Ja zu einer spirituell-materiellen Erfahrung mit allem, was zu dieser Inkarnation hier auf Erden dazugehört.
- Das höhere Bewusstsein öffnet sich dir, sobald du es willst und zulassen kannst.

Verletzlichkeit kann stark machen

Obwohl es bereits jede Menge spirituelle Ratgeber gibt, habe ich mich trotzdem dazu entschlossen, dieses Buch zu schreiben. Denn ich möchte hier für eine Denkweise einstehen, die auch in der modernen Psychologie seit Beginn des neuen Jahrtausends immer mehr Gemeinplatz wurde:

nämlich dafür, dass es durchaus stark machen kann, sich zu seiner Verletzlichkeit zu bekennen. Die Welt braucht mehr solche Vorbilder, die bereit sind, sich auch mit ihrer verletzlichen Vergangenheit zu zeigen. Jeder Autor, jede spirituelle Lehrerin hat eine persönliche Geschichte und eigene Überzeugungen. All diese individuellen Variationen sind sehr wichtig, damit viele sich in einer dieser unterschiedlichen Geschichten wiederfinden und daraus lernen können. So wird man manchmal leichter Lösungswege für sich finden und nutzen können.

Die heftigen Erlebnisse und Schicksalsschläge meiner Kindheit waren rückblickend gesehen für mich genau das, was in mir persönlich den Weckruf ausmachte. Sie zeigten mir wieder neue Perspektiven auf meine Konflikte und lehrten mich, mich auf die Menschen individuell einzustellen, die damit in Verbindung standen. Ich habe überlebt, obwohl ich manchmal dachte, ich würde es vielleicht nicht. Meine Kindheitserlebnisse und die Erfahrungen in meiner Jugend haben letztlich genau den Menschen aus mir gemacht, der ich heute bin. Besonders die frühen Jahre waren dabei für mich die schlimmsten.

Stecken wir mitten in einer Krise, dann konzentrieren sich all unsere Kräfte aufs Überleben. Dankbarkeit und neuer Lebensmut entwickeln sich oft erst dann in uns, wenn wir das Gröbste bereits hinter uns haben. Wir beginnen, wieder einen Willen in unserem Leben zu fühlen, sagen uns selbst, dass wir alles daransetzen, es zum Besseren hin zu verändern. Mein offener und neugieriger Geist wandte sich während der Herausforderungen in meiner Kindheit oft an ein höheres Bewusstsein und stellte die Verbindung zur geistigen Welt her. Das war die beste Entscheidung, die er hatte treffen können. Mein Innerstes bekam so neue Lebenskraft, die durch das kollektive Bewusstsein befördert wurde, und zeigte mir die Richtung für meinen Lebensweg. Und plötzlich war ich mittendrin ...

Wie du sicher weißt, stehe ich seit vielen Jahren als mentales Medium in direkter Verbindung mit dem Jenseits. Auch ich, die ich durchaus atheistisch erzogen wurde, war vielem kritisch gegenüber eingestellt. Ab einem gewissen Erfahrungswert begann ich aber, mich daran zu gewöhnen, diese interdimensionale Kommunikation einfach zuzulassen. Bereits als Kind hatte ich einen Zugang zu anderen Welten und erhielt in meinen Träumen oft Zukunftsvisionen. Mehr dazu erfährst du gleich. Schon früh wurde mir aufgezeigt, dass wir alle einem großen Plan folgen. Beim Schreiben dieses Buchs wurde ich auch immer wieder durch das kollektive Bewusstsein zu Botschaften inspiriert, die ich direkt für dich und für uns als Gemeinschaft gechannelt und festgehalten habe.

In meinem ersten Buch *Mit dem Jenseits kommunizieren* habe ich bereits ein wenig von meinem Werdegang berichtet. Hier werde ich noch persönlichere und privatere Aspekte mit dir teilen, damit du eine Brücke zu deinen eigenen Erlebnissen bauen kannst.

Die Komfortzone verlassen

Zögere nicht, dich möglichen eingefahrenen Lebensmustern zu stellen. Sei bereit, dir einen wichtigen Prozess zu erlauben, indem du dir selbst die richtigen Fragen stellst. Wenn du das angehst, wirst du schon bald belohnt werden! Auch wenn es dir zu Beginn vielleicht schwerfällt, dich zu fragen, ob du wirklich noch immer trauern willst und, wenn ja, warum? Oder wenn du dir zugestehst zu fragen, ob du trotz deines schlechten Bauchgefühls deinen Job weiterhin ertragen solltest oder ob du erkennst, wie er dich langfristig krank macht, und etwas an der Situation änderst. Gerade jetzt ist die beste Zeit dafür, zu erkennen, wie du dir selbst Steine in den Weg legst, und deine Blockaden zu lösen! Die Konfrontation mit dir selbst könnte teilweise etwas unbequem werden. Doch die Ehrlichkeit, zumindest und am allerwichtigsten die dir selbst gegenüber, wird dir helfen, Schritt für Schritt auf deinem Weg voranzukommen.

Es gibt immer alle möglichen Gründe, stehen zu bleiben und in Nostalgie zu schwelgen oder in Untätigkeit zu verharren. Einer davon ist meist der, dass man sich doch eigentlich ganz »wohl« fühlt mit dem, was man kennt. Vielleicht, weil eine Veränderung erst einmal Angst macht, wenn wir noch nicht wissen, was im Zuge dessen auf uns zukommen könnte und wir es einfach noch nicht kennen. Und alles beim Alten zu belassen, so denken wir, spart uns Kraft und Energie. Zumeist haben wir uns aber nicht abgemüht, bis hierhin durchzukommen, um jetzt einfach zu verharren und uns nicht weiterzuentwickeln. Das wäre doch eine große Verschwendung unserer kostbaren irdischen Lebenserfahrung!

Rückblickend, so müssen wir uns ehrlicherweise eingestehen, hat sich eine Erweiterung unseres Horizonts meist erst dann vollzogen, wenn wir eine Veränderung mit allen möglichen Konsequenzen zugelassen und unsere Komfortzone verlassen hatten. Bevor wir uns in eine Veränderung hineinbegeben, ist es jedoch wichtig, erst einmal genau hinzuschauen und ein inneres Selbst-Update zu machen. Die dafür nötige Stärke finden wir in uns, sobald wir es uns erlauben, ehrlich mit uns zu sein. Dann folgt der erste

Schritt meist wie von selbst. In einem zweiten Schritt suchen wir anschließend nach dem einen Punkt in uns, an dem wir einen gewissen Halt spüren, der uns Sicherheit gibt. Im besten Fall schaffen wir es zudem, ein wenig inneren Abstand zu den Emotionen einzunehmen, die uns beherrschen.

Genau dieser Teil ist essenziell im Spirit Move. Manche bezeichnen diesen Prozess auch das »Loslassen des Egos«. Je nachdem, was für ein Typ Mensch wir sind, gelingt uns das von Natur aus schneller oder etwas langsamer.

Das Bewusstsein, wie wir mit uns umgehen und welche Kettenreaktion die Gefühle in uns auslösen, können wir dennoch typunabhängig analysieren. Diese Reflexion sollte der Heiler in uns gern mit einer Prise emotionaler Nüchternheit anstellen. Das wäre schon mal eine gute und möglichst neutrale Grundlage, um uns einen Überblick über unsere Emotionen und die aktuelle Situation zu verschaffen, in der wir uns befinden. Und zwar, ganz ohne uns durch jede kleinste Gefühlsregung in die Tiefe reißen zu lassen.

Wenn du es zulässt, dann kannst du mit der Kraft in deinem Innersten sprichwörtlich Berge versetzen, und das allein durch deine Gedanken und ohne dass jemand dabei zu Schaden kommt, auch nicht du selbst.

Versuche, dich nicht durch den zeitweiligen Wunsch nach Aufmerksamkeit oder weil du in gewisser Bedürftigkeit verharrst, von deinen wahren Zielen und Bedürfnissen ablenken zu lassen. Auch dann nicht, wenn du selbst noch unsicher bist, was diese im Kern sind. Wir wollen Veränderung, also *seien* wir sie!

Im Allgemeinen neigen wir dazu, entweder nostalgischmelancholisch in der Vergangenheit zu leben, oder aber wir erstarren in der Sorge um mögliche zukünftige Ereignisse. Erinnerungen an vergangene Zeiten und auch Visionen für die Zukunft können durchaus etwas Wunderbares sein, aber nur dann, wenn wir auch fähig sind, uns im Jetzt ganz präsent zu fühlen.

Das Buch begleitet deinen Entwicklungsprozess mit einfachen Übungen. Es könnte sein, dass du manchmal dein Innerstes eher beschützen möchtest und dich vielleicht zeitweise einzukapseln versuchst, wenn du noch einmal genauer in dir nachforschst. Die neue Zeitqualität bietet dir jedoch eine Vielzahl an unterschiedlichen Entwicklungsmöglichkeiten. Sie umfassen alle Qualitäten, die in dir eine wundervolle und vor allem auch schnelle Persönlichkeitsentwicklung fördern. Es reicht fürs Erste jedoch, dass du eine Veränderung und Bewusstseinserweiterung überhaupt *willst*, damit du den Stein ins Rollen bringst. Darüber hinaus wäre es ganz hilfreich, dir zu erlauben, weiterhin für neue Eindrücke und Erkenntnisse offenzubleiben.

Die Angst vor Veränderung ist, wie gesagt, nicht gerade selten eine unserer größten Blockaden. Wir fürchten die Gefahr des Unbekannten und Ungewissen als eine der Konsequenzen unserer Entscheidungen. Das Leben hält jedoch Möglichkeiten für uns bereit, die wir uns manchmal gar nicht recht ausmalen können, weil wir zu dem Zeitpunkt noch nicht in dem jeweiligen Bewusstseinszustand sind, um eine wahre Veränderung wirklich vollumfänglich in uns zu erfassen. Wenn der Fluss des Lebens richtig zu fließen beginnt, dann bringt er uns mehr als nur gefährliche Wirbel. Je nachdem, welche Perspektive wir einnehmen, können wir das bekanntlich oft nicht sehen, sondern erkennen erst in der Rückschau sinnvolle Zusammenhänge und Entwicklungsfortschritte.

Eines habe ich in meiner persönlichen Geschichte jedenfalls gelernt: Wäre ich in meiner »Komfortzone«, und war sie auch noch so unkomfortabel, geblieben, und hätte ich mich nur auf das konzentriert, was mein Leben unmittelbar dominierte, und mir auch nichts Besseres für die Zukunft vorgestellt, dann wäre ich wahrscheinlich jetzt nicht mehr hier und hätte längst (wie bei vielen Schweizern so üblich) »Wir machen nicht mit!« gesagt. Ich entschied mich aber, das Leben leben zu wollen, und ließ nicht zu, dass meine Vergangenheit mich weiterhin in Beschlag nahm. Es ist wichtig, früher oder später bewusst solche Basisentscheidungen zu treffen: Will ich mich von jemandem oder etwas vollumfänglich beherrschen lassen oder will ich ein selbstbestimmtes Leben führen, das langfristig meinem eigentlichen Wesen entsprechen wird?

Gern wiederhole ich deshalb zum Ende dieser langen Einleitung noch einmal, was ich immer wieder in meinen Visionen sehen kann: Das Praktische an der neuen Zeitqualität ist, dass wir Veränderungen und neue Möglichkeiten viel schneller ins Leben rufen können als noch vor wenigen Jahrzehnten. Das Einzige, was es braucht, um den Initialstart auszulösen, ist, die Veränderung überhaupt zu wollen.

Channeling-Botschaft an dich

Beginne, dich auf die materiellen Ebenen des physischen Universums einzulassen. Fühl in dich hinein, um zu erkennen, warum du diese irdische Erfahrung machen wolltest. Wenn du mit deiner Seelenkraft verbunden bist, wirst du sehen, dass du die Reise deines Lebens angetreten hast, um individuelle Liebe und die Dualität zu erfahren. Du hast dich auf diesen Weg begeben, um die Herausforderung irdischer Bedürfnisse und die Dualität zu meistern.

Du bist eine starke Seele, die eine außergewöhnliche Erfahrung machen will, bereit, alles zu leben, was zum Leben »dazugehört«. Such die Stärke in dir selbst, indem du dir erlaubst, dich ganzheitlich zu fühlen und dein vollkommenes Wesen zu erkennen. Gewinne eine neue Freiheit, indem du deine Aufgabe, das Leben auf Erden zu meistern, als magisches und ungewohntes Abenteuer erlebst. Indem du erkennst, dass du dich für die Erde entschieden hast, um etwas Großes im noch Größeren zu leisten, wirst du immer deinen Platz finden. Du beginnst zu fühlen, dass du mit deiner Seelenkraft in einem materiellen Körper inkarniert bist und du genau dieses außergewöhnliche Dasein ausgesucht hast, eben weil diese physische Erfahrung anders ist als diejenigen in deiner Heimatdimension.

Aufgeben zählt nicht: durchs Leben lernen

Meine Biografie hat mich sehr vieles gelehrt. Ich brauchte oft eine gehörige Portion Mut und einen starken Willen, um zahlreiche Hindernisse zu überwinden und all die misslichen Situationen durchzustehen, in die ich immer wieder geriet. So etwas geht an niemandem spurlos vorbei. Alle Erfahrungen sind Teil unserer Geschichte und werden auch immer Teil von ihr sein. Sie macht uns zu dem, was wir sind. Wenn wir sie unbewusst walten lassen, können einzelne Aspekte uns auf falsche Pfade führen und blind für unsere Möglichkeiten machen. Aber wenn wir sie als Ganzes bewusst anschauen, einen Sinn in bestimmten Zusammenhängen erkennen und die Erfahrungen integrieren, dann kann uns unsere Geschichte nur stärken.

Als ich klein war, dachte ich häufig, ich würde unter der Last all meiner Erlebnisse und Eindrücke zerbrechen und für den Rest meines Lebens unglücklich bleiben. Als ich dann doch einen Funken Licht in mir zu erahnen begann, wurde ich neugierig und entdeckte erstmals und ganz allmählich die Tiefen unseres kollektiven Bewusstseins. Von da an begann ich nach und nach, eine Fülle an Erkenntnissen aus meiner Geschichte zu ziehen. Daraus entwickelte sich schließlich eine große Faszination, und in mir wuchs der Glaube an die Kraft der Menschheit, der seither einen meiner wichtigsten Antriebe darstellt. Durch mein anfängliches Gefühl, auf der Erde irgendwie nicht willkommen zu sein, hatte sich mein Verstand schnell und rigoros auf die rationale Seite geschlagen. Ich bezeichne mich noch heute als analytisch und pragmatisch, obwohl mein Wesen offen geblieben ist und ich eine gute Portion an visionärer Kraft mein Eigen nennen würde.

Früh begann ich, die Herausforderungen des Lebens und mein Schicksal zu analysieren. Ein Knackpunkt dabei war, dass ich damals das ideale Leben nicht in meinem Zuhause hätte »erschaffen« oder mir einfach herbeiwünschen können. Ich versuchte es zwar, aber es konnte nicht funktionieren. Damals ging es mir alles andere als gut. Es war phasenweise sogar so extrem, dass ich mir manchmal wünschte, nie geboren worden zu sein.

Lange dachte ich, dass es nicht gut sei, meine ziemlich dramatischen Kindheitserlebnisse mit der Öffentlichkeit zu teilen. Denn manche stellen mich ein bisschen wie auf einen Sockel, weil ich etwas tue, was in ihren Augen außergewöhnlich und besonders ist. Manchmal möchte man sich von jemandem ein idealisiertes Bild machen, das eher unnahbar wirkt und auf Hochglanz poliert ist.

Es schien mir aber an der Zeit, mich zu öffnen, und Menschen damit hoffentlich noch ein bisschen besser weiterhelfen zu können. Ich möchte authentisch sein und dies auch anderen vermitteln, weil ich erkannt habe, dass es für uns wichtig ist, Menschen zu erleben, wie sie sind, auch wenn sie vielleicht etwas bekannter sind als andere.

Schöne und heile Geschichten können sehr inspirierend sein, aber auch die nicht so lichtvollen sind wichtig. Wenn wir uns einsam oder stark gefordert fühlen, zeigen sie uns, dass es noch andere Menschen gibt, die Schwieriges oder gar Schlimmes erfahren haben und trotzdem etwas Wunderbares aus ihrem Leben machen konnten.

Ich gebe hier tiefe Einblicke in mein eigenes Leben. Die Privatsphäre meiner Familie ist mir aber wichtig. Daher lasse ich ganz bewusst Teile aus, die andere möglicherweise diskreditieren könnten, genau wie bestimmte identifizierbare persönliche Daten der Beteiligten. Schon aus personenschutzrechtlichen Gründen, aber auch aus menschlichen. Die Fakten sind dennoch vollständig und kohärent, sodass du, je nach Resonanz, die du während der Lektüre der folgenden Seiten spürst, auch einen Bezug zu deinem eigenen Erleben herstellen oder Gefühle oder Situationen ableiten kannst.

Alle Beteiligten, die mich in meiner Kindheit begleitet haben, haben ihre interdimensionale wie irdische Biografie, mit all den dazugehörigen Dramen. Niemand bleibt wirklich unversehrt in diesem Leben auf Erden, und wir alle haben in irgendeiner Form bereits die eine oder andere leidvolle Erfahrung durchgemacht. In jedem von uns wohnt ein kleines verletztes Kind. Diese Erkenntnis ermöglichte es mir, damit aufzuhören, bestimmte Personen nur als Täter und mich nur als Opfer zu betrachten.

Der traurige Höhepunkt meiner Geschichte begann, kurz bevor meine Familie mit mir in einen Außenbezirk Berns zog. In den Achtziger- und Neunzigerjahren war dieses Viertel dafür bekannt, hauptsächlich Menschen aus untersten sozialen Schichten Unterkunft zu bieten. Damals war es noch das Viertel Berns, in das vor allem »Ausländer« oder Patchworkfamilien mit niedrigem Einkommen und auch Leute in prekären Lebensverhältnissen zogen. Heute verteilt sich das insgesamt mehr. Nirgends gab es ein solch günstiges Preis-Leistungs-Verhältnis für Wohnungen wie dort. Entsprechend »attraktiv« waren diese in Grau gehaltenen, traurig ausschauenden Hochhäuser. Unser »Willkommensgruß« beim Einzug in die neue Nachbarschaft war, dass uns gleich erst mal mehrere Umzugskartons gestohlen wurden. Es wohnten viele Menschen in diesem Haus, und fast alle waren offensichtlich irgendwie bedürftig. Leider gab und gibt es auch im Schokoladen- und Bankenland Schweiz jede Menge Armut und soziale Ungleichheit.

Das Leben hatte mir damals eine Basis beschert, die einerseits von viel Liebe seitens meiner Mutter und meiner Großmutter geprägt war. Andererseits gab es da aber auch eine Vielzahl menschlicher Schattenseiten. Ich begann früh, eine Abneigung gegen mich selbst zu entwickeln, weil ich Dinge erlebte, die mir damals das Gefühl gaben, irgendwie wertlos und unbedeutend zu sein. Ich war das Paradebeispiel einer Außenseiterin. Durch die vielen Nächte, die ich in Angst verbrachte, legte sich auch tagsüber jener dunkle Schatten über mich und beeinflusste mein Äußeres. Meine Kleider waren oft schon sehr abgenutzt und nicht immer sauber. Immer wieder stand ich auf den letzten Drücker auf; und wenn ich Glück hatte, war meine Mutter genug bei Kräften, um mir, bevor ich mich auf den Schulweg machte, Marmelade aufs Brot zu schmieren. Unzählige Nächte weinte ich mich in den Schlaf. In den besseren Phasen wurde ich nicht ständig aus meinen Träumen gerissen, weil ich verzweifelte Schreie aus dem Wohnzimmer hörte oder durch Schluchzen an meinem Bettrand wach wurde.

Die Opferhaltung aufgeben

Ich lernte früh, dass es im Leben Dinge gibt, die wesentlich wichtiger sind als reine Äußerlichkeiten. Und noch heute beeindrucken Menschen mich hauptsächlich durch ihr Wesen und ihr Leben, nicht durch das, was sie vordergründig durch materiellen Erfolg oder äußeren Schein zur Schau stellen. Das hängt mit meinen damaligen Erfahrungen zusammen.

Jene dunkle Zeit meines Lebens, die ich bereits angedeutet habe, begann, als ich etwa fünf Jahre alt war. Mein wichtigster Ankerpunkt war damals, dass es immerhin noch meine Mutter gab, die versuchte, mich zu versorgen und für mich, so gut es ging, da zu sein. Mein leiblicher Vater war ja, als ich noch ein Baby war, mit nur fünfundzwanzig Jahren verstorben. Jeden Abend plagte mich Angst in diesem Haus. Die Angst, dass meine Mutter nicht mehr leben könnte, wenn ich am Morgen aufwachte, weil sie in der Nacht von ihrem damaligen Lebensgefährten möglicherweise zu Tode geschlagen worden war.

Vielleicht hätte ich mich in eine Fantasiewelt flüchten können. Ich entschied mich aber dafür, die Realität so sehen zu wollen, wie sie war. Das gab mir das Gefühl, eventuell doch irgendetwas beeinflussen zu können.

Aufgrund dieser regelmäßigen nächtlichen Dramen vollbrachte ich verständlicherweise auch keine Glanzleistungen in der Schule. Wie oft traf ich zu spät im Klassenzimmer ein oder ich fehlte immer wieder mehrere Tage im Unterricht, weil ich mit meiner Mutter kurzfristig untertauchen musste ...

Die Schule mochte ich, vorsichtig formuliert, nicht besonders gern. Zuerst einmal hielt sie mich davon ab, an der

Seite meiner Mutter zu sein. Wenn ich dort war, konnte ich einfach nicht auf sie aufpassen. Innerlich war ich ständig im Modus des Überlebenskampfes. Das machte mich irgendwie pessimistisch, besonders allem Schönem gegenüber. Es war für mich, als ob in solch einer Welt überhaupt nichts Erfreuliches existieren könnte. Zudem war alles, was auf dem Lehrplan stand, absolut unwichtig für meine damalige Lebenssituation. Es half mir nicht weiter. Mir wurde dort nicht beigebracht, wie ich mit meinen Herausforderungen hätte umgehen können.

Es gab nur eine Person in der Schule, die wusste, wie es um uns bestellt war. Die Angst hatte mich völlig im Griff, und ich war wie gelähmt, darüber zu sprechen, was ich erlebte. Dieses eine Mädchen, das offensichtlich auch niemand in der Schule wirklich cool fand, wurde zu einer meiner besten Freundinnen. Auch sie hatte bereits in jungen Jahren viele schwierige Situationen erleben müssen. Also taten wir uns zusammen. Ich war immer überglücklich, wenn sie hin und wieder bei uns übernachten durfte. Denn wenn wir mal Besuch hatten, war das Risiko, dass es zu einem ganz großen Drama kommen würde, sehr gering.

Rückblickend kann ich nachvollziehen, dass viele Mitschüler mich nicht mochten, da ich ja nicht gerade vor guter Laune sprühte. Mobbingattacken, wie man heute sagen würde, gehörten zu meinem Schulalltag. Als Folge meines instabilen Lebens war ich ein »dankbares« Opfer. Bis auf die letzten zwei Jahre empfand ich die gesamte Schulzeit als etwas, was ich mir nie wieder freiwillig aufgebürdet hätte. Dennoch entschloss ich mich später, mich freiwillig weiterzuentwickeln, und dies auch in Schulen, weil mir natürlich bewusst war, dass mir das sehr viel bringen würde. Ich machte also weiter.

Obwohl ich nicht gerade auf den Kopf gefallen bin, hangelte ich mich als Kind von Schuljahr zu Schuljahr lediglich so durch, in der Hoffnung, das Ganze irgendwie überstehen und hinter mich bringen zu können. Was mir schließlich ja auch gelungen ist.

Die Belastung jedoch schien allgegenwärtig. Meine Mutter und ich fochten einen ständigen Überlebenskampf aus, und das im deprimierenden Ambiente einer Plattenbausiedlung. Mittlerweile ist die Gegend nicht mehr ganz so schlimm, wie dies früher der Fall war. Einige Nachbarviertel gelten heute sogar schon fast als »hip«. Meine persönliche Prägung durch dieses Viertel beeinflusst das natürlich trotzdem nicht. Die Erfahrungen, die ich dort gemacht habe, und meine Geschichte wie auch die damit verbundene Resonanz wird immer im morphogenetischen Feld dieser Region eingraviert sein. So etwas verschwindet nicht. (Auf das morphogenetische oder »gestaltbildende« Feld kommen wir später noch zu sprechen.)

Die Wohnung im siebzehnten Stock schlich sich noch bis vor wenigen Jahren immer wieder aufs Neue mal aus meinem Unterbewusstsein hervor. Sie zeigte sich in einem wiederkehrenden Traum und vermittelte mir verschiedene Botschaften. Ich kann mich noch genau erinnern, wie das ganze Gebäude, jedes Mal, wenn ein Sturm über die Landschaft fegte, zu schwanken begann. Auf der Etage, wo wir wohnten, konnte man sehr eindrücklich spüren, wie es sich hin und her bewegte. Es war ein unheimliches Gefühl, das mir Angst machte. Schon wenn ich mich an den Balkon zurückerinnere, wird mir schwindelig. Rückblickend war dies im Grunde schon ein sehr eindrückliches Symbol für meine ganze Lebenssituation damals.

Zudem war nie genügend Geld da. Wenn es ganz gut lief, dann war gerade noch so viel übrig, dass wir uns mit Lebensmitteln versorgen konnten. Aber allzu oft hatte der Partner meiner Mutter bereits zu Beginn des Monats einen Großteil versoffen. Häufig waren wir darauf angewiesen und sehr froh, dass uns jemand etwas zu essen spendete. Wenn wir dann doch ausnahmsweise mal »bei Kasse« waren, war sogar mal ein Essen im »Restaurant« drin. Dann gingen wir in den Supermarkt, der eine Art Kantine hatte, und leisteten uns das preiswerte Tagesmenü. Ein großes Highlight war das! Meistens gab es etwas mit Pommes. Heute noch liebe ich Pommes!

Mobbing ist kein Kavaliersdelikt!

Auch wenn dieses Unterkapitel jetzt vermeintlich etwas vom Thema abschweift, so ist es mir dennoch sehr wichtig, es hier zu thematisieren. Denn Mobbing ist etwas, was ich aus gutem Grund genauso strikt ablehne wie physische Gewalt.

Obwohl mittlerweile ja schon ein gewisses Bewusstsein für das Thema Mobbing existiert, so hat es dennoch in unserer aktuellen Zeit einen neuen Höchststand erreicht, erstaunlich, nicht wahr? Zum Mobben in der »realen« Welt gesellt sich nämlich jetzt auch noch jenes im digitalen Bereich. Das bedeutet, dass wir schlimmstenfalls sogar auf zwei Ebenen gleichzeitig attackiert werden können. Die digitale Welt verlockt sehr viele Menschen, ihren Frust mehr oder weniger anonym an allem und jedem auszulassen, ohne dabei ernsthafte Konsequenzen fürchten zu müssen. Es ist ein wahres Armutszeugnis, das sich solche Zeitgenossen selbst ausstellen.

Ich nutze Social Media ganz bewusst, obwohl ich lange Zeit gezögert hatte, mich dafür richtig zu öffnen. Diese neuen Netzwerke bringen nämlich durchaus auch ganz viel Wunderbares mit sich. Sie bieten uns, gerade jetzt, eine perfekte Plattform für ein »Gemeinsam statt einsam«. Wir entscheiden selbst, wie wir es nutzen wollen.

Damals, in der Schule, da war es schon genug, nur ich selbst zu sein, um gemobbt zu werden. Manchmal wurde ich auf dem Schulweg von auf dem Fahrrad an mir vorfahrenden Jungs mit Stöcken geschlagen. Warum? Nun, es schien für sie einfach ein Spaß gewesen zu sein. Aus den Gesichtern dieser üblen Burschen sprang mir damals die pure Dummheit entgegen. Ich dachte, dass sie sehr wahrscheinlich auch eine diebische Freude daran hätten, Tiere zu quälen oder sie gar »aus Spaß« zu töten. Das machte mir die Vorstellung etwas erträglicher: dass nicht ich an sich die Ursache ihres Handelns war.

Wenn mir so etwas mal wieder passierte, dann bemühte ich mich meist, so zu tun, als ob ich es nicht spürte, und ging einfach weiter (während ich versuchte, mir die Tränen zu verkneifen). In Gedanken immer noch zu Hause und damit befasst, ob meine Mama wohl noch leben würde, wenn ich mittags von der Schule zu ihr zurückkehren könnte. Sie und ich, wir kannten das ja schon länger, dass manche Menschen sadistische Züge aufweisen. Dass es Menschen gab, die tatsächlich Lust und Freude empfinden, wenn sie andere quälen und ihnen Schmerzen zufügen können.

Sicher kann man sich fragen, was mit meiner Mutter los war, dass sie uns nicht aus der Situation befreite: Der Grund, warum sich für uns über Jahre nichts Grundlegendes änderte, war eine Absprache, die sie mit ihrem »Peiniger« und Gefährten getroffen hatte. Aber mehr dazu werde ich ein wenig später erzählen.

Ein Indigokind

Schon als Mädchen wirkte ich älter, als ich war, und als 1980er-Jahrgang war ich offensichtlich auch Teil der sogenannten Indigokinder-Generation. Das hatte ich damals schon durch Bücher erfahren. Indigokinder. So bezeichnet man Kinder, von denen vermutet wird, dass sie mit einem erweiterten Bewusstsein auf die Welt kommen und über paranormale Fähigkeiten verfügen. In dieser Beschreibung fand ich mich rasch wieder. Nicht nur, weil es mir das Gefühl gab, doch etwas Besonderes zu sein, sondern weil ich in der Tat sehr früh Fähigkeiten entwickelte, die ganz offenkundig paranormaler Natur waren. Es gab mir einen ersten Ansatz einer Antwort auf die Frage: »Wer bin ich, und was tue ich hier?«

Wenn ich in der heutigen Zeit Teenager wäre und eine breitere Öffentlichkeit von mir erführe, dann wäre die »Esoterikszene« vermutlich auf mich aufmerksam geworden. Denn bereits mit sechzehn Jahren erzielte ich viele außergewöhnliche Erfolge durch geistiges Heilen, und ich channelte überprüfbare und heute belegte Zukunftsvisionen. Allerdings war ich noch nie jemand, der darum viel Aufhebens gemacht hat. Mir geht es um die Botschaften, nicht um mich als Person.

Meine frühen Kindheitserinnerungen sind auch von einigen dieser magischen Erlebnisse und Erfahrungen durchzogen. Fast zeitgleich mit den Herausforderungen, denen wir zu Hause ausgesetzt waren, entwickelten sich in mir jene intensiven paranormalen Fähigkeiten. Ich dachte anfangs, mit dieser Gabe weit und breit die Einzige zu sein. Wie ich später jedoch herausfinden sollte, war die Fähigkeit, mit dem Jenseits zu kommunizieren und Einblicke in die Zukunft zu bekommen, bei mir sozusagen genetisch bedingt. Als sich das alles in mir zu entfalten begann, war ich aber noch nicht reif genug, um sehen zu können, wie sich meine eigene Geschichte weiterentwickeln würde. Dies hätte mich sicherlich beruhigt, hätte ich doch gesehen, dass sich nur wenige Jahre später vieles in meinem Leben zum Guten wenden würde.

Meine kindlichen Fähigkeiten waren noch unbeholfen und kaum kontrollierbar. Generell verhält es sich bei dieser außersinnlichen Fähigkeit ja so, dass wir, wenn wir Dinge für uns selbst wahrnehmen und Prophezeiungen machen wollen, dabei nicht immer ganz neutral sind. Denn die Visionen können durch unsere Wünsche und Ängste beeinflusst werden. Oft empfand ich mich als eine einsame Kriegerin, der nichts anderes übrig blieb, als durchzuhalten und zu schauen, was die nächste Flut mit sich bringen würde.

Es war schwierig, obwohl ich diesen einen Anker hatte, nämlich die Tatsache, dass es offensichtlich etwas Überirdisches jenseits all dessen gab, was mir im Alltag widerfuhr. Durch meine ungewöhnlichen Wahrnehmungen empfand ich mich zeitweise noch stärker als Außenseiterin.

Meine Mutter war immer sehr offen mit mir und hat versucht, mich nicht einzuschränken. Vor allem, als ich Teenager war, konnte sie sich für meine paranormalen Interessen und Fähigkeiten öffnen und mich, so gut sie konnte, unterstützen. Mein religiöses und paranormales Forschen in jungen Jahren gab ihr wohl Hoffnung. Denn es zeigte ihr, dass ich mich zumindest damit auf etwas konzentrieren konnte, was mir gut tat. Sicher hat sie nicht geahnt, dass es so stark heranreifen würde, wie es heute der Fall ist, obwohl sie immer an mich glaubte. Diese frühe paranormale Entwicklung hat mir einen sehr wichtigen Halt im Leben gegeben. Denn sie hat mir die Gewissheit gegeben, dass es so etwas wie einen »großen Plan« gab und ich eines Tages den Sinn in meiner Geschichte würde finden können.

Die Dualität des Geistes, inkarniert in der Materie, begleitet mich schon so lange wie der Kontrast zwischen Heilem und Kaputtem. Seitdem ich denken kann. Ich hatte oft das Gefühl, am Rand eines abgrundtiefen eisernen Schlundes zu stehen. Was mich davon abhielt, mich in die Tiefe zu stürzen, war die Liebe zu meiner Mutter, zu meiner Schwester und diese unterschwellige Gewissheit, dass jeder Einzelne von uns, und damit auch ich, einen Auftrag im Sinne eines höheren Bewusstseins hat.

In meiner kindlichen Gefühlswelt loderte einerseits ein Zorn auf alles Ungerechte in der Welt. In der Konfrontation mit der harten Realität, der ich ausgesetzt war, rang ich mir selbst das Versprechen ab, alles daranzusetzen, die Welt aus eigener Kraft ein Stück besser zu machen, wenn ich all das hier eines Tages überstanden haben sollte. Ich schwor mir selbst, in jeder Hinsicht das Beste aus mir selbst zu machen.

Diverse Ängste, Schrecken und das Gefühl, von Gott irgendwie vergessen worden zu sein, lasteten damals auf mir und beeinflussten mein Denken. Diese Sicht der Dinge wurde mir im Grunde förmlich aufgedrückt. Es hätte sehr gut passieren können, dass ich in einer eng anliegenden negativen Gedankenmusterspirale (mehr dazu später) hängen geblieben wäre und somit stetig weiter negative Resonanzen angezogen hätte. Dann hätte sich mein Leben ganz anders entwickelt. Ich hätte mir später wahrscheinlich auch einen übergriffigen alkoholkranken Partner manifestiert. Denn oft wiederholen wir durch die Anwesenheit einer solchen Spirale die gleichen »Fehler«, wie sie zum Beispiel unsere Eltern gemacht haben. Dass wir aber viel mehr als Gefangene solcher Muster sind, habe ich mir in all den darauffolgenden Jahren selbst bewiesen.

Um der Spirale zu entfliehen, ist es grundlegend und auch erforderlich, das Geschehene anzuschauen und für sich aufzuarbeiten. Oft flüchten wir davor und verpassen damit genau das, was uns weiterbringen könnte, denn wir wollen alles lieber schnell hinter uns lassen, ohne es wirklich zu verarbeiten.

Tatsächlich kann uns auch unser Selbstmitleid im Weg stehen und verhindern, aus einem Muster endgültig herauszukommen. Oder wir haben uns angewöhnt, nicht ganz so genau hinzuschauen, nicht in uns hineinzuhorchen, und verdrängen einiges lieber. Das ist, als ob man eine schmutzige Wunde nur deshalb nicht säuberte, weil es möglicherweise brennen könnte, und stattdessen einfach ein Pflaster darüberkleben würde. Manchmal will uns auch der gesunde Menschenverstand mit einer Art Schutzmechanismus vor weiteren unangenehmen Gefühlen und Erfahrungen bewahren, weil wir sie zurzeit noch nicht bewältigen können. Dann gehen wir unbewusst nicht immer bis zu dem Punkt, an dem wirkliche Heilung ansetzen könnte.

In manchen Situationen schützt uns unser angeborener Instinkt also und sagt uns, wir sollten eine Weile besser nichts tun, weil wir sonst in eine noch schlimmere Situation geraten könnten. So erging es auch mir und meiner Mutter.

Abgesehen von lebensgefährlichen Situationen, die uns im ersten Moment zu unserer eigenen Sicherheit innehalten lassen, haben wir also in fast jeder Lebenslage die Möglichkeit, unseren Spielraum zu erweitern und für uns zu nutzen. Und doch tendieren wir oft dazu, lieber gar keine Entscheidungen zu treffen, weil wir uns kurzfristig von Hindernissen blockiert fühlen, von denen wir annehmen, dass sie uns zu viel Kraft kosten würden, wenn wir sie beiseiteschaffen würden. Das Problem ist nur, dass langfristige Handlungsverweigerung dazu führt, dass unser Leben irgendwann stagniert. Unzufriedenheit mit uns und der Welt ist in diesem Zusammenhang wohl noch das geringste Übel.

Menschen, die sich so verhalten, sind wie ein prächtiger starker Vogel Strauß, der den Kopf in den Sand steckt und einfach abwartet, bis irgendwann hoffentlich alles von allein besser wird. Sie meiden die Konfrontation mit sich selbst und ihren Themen, weil sie Angst vor den Konsequenzen haben. Wir tendieren nämlich dazu, uns oft nur die negativen Folgen auszumalen, die dann logischerweise unsere Sicht auf unsere Zukunft verdunkeln. Dabei ist es durchaus möglich, dass die tatsächlichen Folgen, die sich schließlich aus unserem Handeln ergeben, ganz andere sind als diejenigen, die wir ursprünglich befürchtet hatten.

Manchmal geht es um eine realistische Risikoabwägung. In unserem Fall damals wäre das Risiko wohl zu hoch gewesen. Ich komme darauf noch zu sprechen. Deshalb haben wir uns fürs Durchhalten entschieden. Dies schien uns bei Weitem weniger riskant zu sein.

Du bist mehr als dein Bild der Vergangenheit

Es gibt doch diesen Spruch, dem zufolge man erntet, was man sät. Dem stimme ich in den meisten Fällen zu. Es versteht sich aber wohl auch, dass diese Erklärung für das, was ich als Kind durchleben musste, nicht sonderlich hilfreich ist. Ein Erwachsener wird vielleicht irgendeine Entscheidung in seiner irdischen Vergangenheit finden, von der er sagen könnte, dass sie ursächlich an der Entstehung seiner aktuellen Misere beteiligt gewesen sein könnte. Manche sprechen hier schon von »Karma«, dem Prinzip von Ursache und Wirkung. Aber auch bei Erwachsenen kommt es vor, dass man in ihrer Biografie zurückgeht und nicht viel an »schlechtem Saatgut« ausmachen kann, und trotzdem müssen sie eine tiefe Leiderfahrung durchleben. Recht oft ist dann eine schnelle Antwort zur Hand, und das Karma stammt dann eben aus einem früheren Leben, in dem der oder die Betroffene eben entsprechend gesät haben muss. Solche Erklärungen empfinde ich jedoch als wenig hilfreich. Im Gegenteil. Manchmal bewirken sie sogar, dass man sich als Sklave seiner Inkarnationen fühlt und meint, alles, was man erlebt, als vordefiniertes Joch selbstverschuldet mit sich herumschleppen zu müssen.

Wir sind aber mehr als unsere Vergangenheit! Wir sind Schöpfer unseres Hier und Jetzt. Sobald wir das verstanden und integriert haben, was uns durch leidvolle Erfahrungen geschehen ist, kann daraus etwas Neues entstehen. Und das ganz unabhängig davon, wie schlimm unsere Taten aus all den Vorgeschichten unserer Vergangenheit auch gewesen sein mögen.

Als kleines Mädchen habe ich die Schuld »für alles« gemäß dem Spruch »Was man sät ...« dann auch stets bei mir gesucht. Dabei lernte ich immerhin, Schweres auszuhalten. Doch der Druck, der auf mir lastete, brauchte ein Ventil. Und so weinte ich viel, wenn ich für mich war. Aus dieser Zeit stammt nicht nur meine Fähigkeit, Leid zu ertragen, sondern auch das Mitgefühl und die Geduld, die ich mit meinen Mitmenschen habe.

Wenn wir unserer Ansicht nach unfair oder einfach mies vom Schicksal oder bestimmten Menschen behandelt werden, sind wir in der Regel sehr schnell dabei, jemandem die Schuld dafür zuzuweisen. Da ich andere Menschen schon immer verstehen wollte, hatte ich zwar recht schnell einen klaren Verursacher meiner Leiderfahrung ausfindig gemacht, konnte dieses Urteil langfristig aber so nicht absolut aufrechthalten. Bereits früh erkannte ich trotz all des Zorns, den ich wegen des damaligen Partners meiner Mutter empfand, eben auch, dass er sehr schwer alkoholkrank war. Ich bemerkte, dass er in seinem Verhalten Anzeichen einer gespaltenen Persönlichkeit aufwies, die er über die Jahre entwickelt haben musste. Kurzzeitig konnte er sehr humor- und liebevoll sein, dann zog es ihn aber plötzlich wieder in die komplett entgegengesetzte Richtung und er war nur noch zerstörerisch.

Es ist bekannt, dass ein längerer, übermäßiger Alkoholkonsum das Gehirn schwer angreift. Daher es ist naheliegend, dass das Bewusstsein kurz- oder langfristig durch diese Gesetzmäßigkeiten limitiert wird, wenn unser Körper eine Schädigung erfährt – also unser »organischer Raumanzug«, wie der amerikanische Psychologieprofessor und spätere spirituelle Lehrer Richard Alpert, alias Ram

Dass, das »Vehikel« unseres Geistes sehr anschaulich beschrieb.

Jeder Prozess, jeder Schritt, den wir gemeinsam auf Erden durchlaufen oder tun (auch mit Menschen, die auf solche Weise eingeschränkt sind), ist Teil eines dynamischen Kreislaufs, der uns letztlich wahre Selbsterkenntnis ermöglichen kann, sodass wir nicht in den Erfahrungen der Vergangenheit stecken bleiben müssen, sondern im günstigsten Fall sogar gestärkt, eben resilient daraus hervorgehen.

Channeling-Botschaft an dich

Das Leben wirkt manchmal wie eine schwere Bürde, denn es schält dich, bis es an deinen Kern vordringt. Es testet jede Schicht, die deinen Kern ummantelt, bis du es selbst schaffst, den Glanz und die Vollkommenheit deines Innersten wiederzuerkennen.

Wenn alle Hüllen beseitigt sind und du deine Essenz als Leuchtkraft in dir fühlst, bist du gestärkt, um selbstständig zu wachsen und das Leben nach deinem Lebensplan zu transformieren.

Keine Kindheit wie im Bilderbuch

Nach dem tragischen Tod meines Vaters, als ich noch ein Baby war, folgte wie bereits angedeutet eine traumatisierende Kettenreaktion an Ereignissen. Manchmal ist es, als ob ich mir einen Kinofilm anschaue, wenn ich an meine frühesten Kindheitserinnerungen zurückdenke.

Die menschliche Erfahrung fordert so manchen Tribut von uns. Das erste Mal, als mir dies schmerzlich bewusst wurde, war ich ungefähr fünf Jahre alt. Ich erinnere mich daran, wie ich von einem lauten »Hilfe!«-Schrei aufgeweckt wurde und kurz darauf Gurgelgeräusche meiner Mutter hörte. Meine Zimmertür stand offen, die Wohnung war klein. Wie von der Tarantel gestochen, rannte ich schnurstracks ins Wohnzimmer, in dem sich ein Drama abspielte. Ich sah, wie meine Mutter mit rot angelaufenem Gesicht auf dem Rücken lag und versuchte, irgendwie Luft zu bekommen, obwohl ihr Hals von starken Händen umklammert wurde, die kurz davor waren, ihn zu zerdrücken.

Das Ganze nahm ein abruptes Ende, als der Mann mich trotz seiner Rage plötzlich irgendwie bemerkte. Ich flehte ihn an, damit aufzuhören. Die darauffolgenden Tage versuchte ich, mir immer wieder einzureden, dass ich das alles nur geträumt hätte.

Als sich solche Ereignisse dann jedoch zu häufen begannen, dämmerte mir, dass mein Leben eine dramatische Wendung genommen hatte. Wir wurden zu Gefangenen der Angst inmitten unseres eigenen Zuhauses. Diese nächtlichen Übergriffe bestimmten unseren Alltag so stark und hinterließen natürlich Spuren, die auch tagsüber sichtbar waren.

Anfangs dachte ich noch, dass das Ganze aufhören könnte, wenn nur die Polizei käme. Das stellte sich allerdings bald als Irrtum heraus. Bei einem Gespräch hatte ich mitbekommen, wie der Polizist zu meiner Mutter sagte, dass es ihm sehr leid tue, er ihn aber aufgrund der Rechtslage höchstens mal für ein paar Stunden wegsperren könne. Denn solange nicht noch Schlimmeres passiere, seien der Polizei leider die Hände gebunden. Man muss wissen, dass häusliche Gewalt damals noch nahezu ein Tabuthema war und die Rechtslage für die Opfer sich erst einige Jahre später verbesserte. Also lebte ich ständig in dem unbehaglichen und unbefriedigenden Gefühl, dass wir das alles irgendwie so hinnehmen müssten.

Nach einer Weile begann ich dann auch, diese neue Realität des Familienlebens für mich »anzunehmen«. Anders gesagt, gab ich mich wohl oder übel geschlagen und hoffte im Stillen, wir würden irgendwie und irgendwann doch noch »gerettet« werden. Dies war auch der Zeitpunkt, an dem ich mein Leben zu hassen begann. Wenn ich in den Spiegel sah, konnte ich nichts Schönes mehr an mir entdecken. Da war kein Licht, kein Glanz, nichts mehr. Nur wenige Menschen schafften es ab und zu, etwas Hoffnung in mir aufkeimen zu lassen. So hatte ich zumindest einige Augenblicke, in denen es mir gelang, all das Leid zu verdrängen. Aber der Alltag holte mich meist schnell wieder zurück in die traurige Realität meines Lebens.

Da war auch diese gepackte Notfalltasche, versteckt in einem Schrank ... Sie wartete darauf, unsere allernötigsten Bedürfnisse zu decken, wenn wir wieder einmal Hals über Kopf und mitten in der Nacht aus der Wohnung fliehen mussten.

Zu Beginn hatte es fast was »Abenteuerliches« für mich, zumindest war dies die Weise, wie ich versuchte, damit umzugehen. Ich stellte es mir wie ein Abenteuer vor, wenn wir mal wieder auf der Flucht waren. Meist holte mich dann aber schnell die Angst wieder ein.

Irgendwann kann man diese wiederkehrenden nächtlichen »Überfälle« Freunden oder Familienmitgliedern einfach nicht mehr zumuten. Egal, wie sehr wir uns auch bemüht haben, die Spuren unserer Angst und unseren Schrecken vor ihnen zu verbergen: Früher oder später waren sie auch in ihrem Zuhause spürbar und übertrugen sich auch auf sie.

Also suchten wir uns neue Zufluchtsorte, weil wir niemanden länger mit in unsere Geschichte hineinziehen wollten.

Die nächsten Anlaufstellen für uns waren dann Frauenhäuser oder Notfallwohnungen. Diese wichtigen Einrichtungen ermöglichen es Frauen, in solchen Notsituationen temporär einen sicheren Ort zu finden. Das Frauenhaus war für uns ein kurzfristiger Rettungsanker. Obwohl auch dort natürlich nicht alles eitel Sonnenschein ist, waren wir unglaublich dankbar, wenn wir hier einen Platz bekommen konnten.

Natürlich waren wir nicht die Einzigen, die sich dorthin flüchteten, um häuslicher Gewalt zu entkommen. Es gab dort klare Regeln, die wir alle befolgen mussten. Zum Beispiel durften wir nur zu bestimmten Zeiten und immer nur ganz kurz in den Garten oder generell hinaus. Bestand doch die große Gefahr, dabei entdeckt zu werden und zugleich diesen geschützten Ort damit preiszugeben. Die Standorte von Frauenhäusern sind zum Schutz aller Bewohnerinnen öffentlich nicht auffindbar.

Es gab dort Küche und Wohnzimmer als Gemeinschaftsräume und diverse Schlafzimmer. Die Privatsphäre war hier naturgemäß recht begrenzt.

Ich erinnere mich noch gut an eines der Gespräche beim Abendessen, als eine Frau begann, »aus dem Nähkästchen zu plaudern«. Sie jagte uns allen damit eine Heidenangst ein, denn sie berichtete uns in aller Ausführlichkeit, was ihr zugestoßen war. Und sie mutmaßte, dass er das Haus anzünden und alle Bewohnerinnen umbringen würde, wenn er herausfände, wo sie steckte. Diese schlimmen Befürchtungen trafen glücklicherweise nicht ein, machten mir aber trotzdem zu schaffen und ließen mich auch an diesem Ort leider nicht ruhig schlafen.

Es war grundsätzlich kein schönes Gefühl, dort zu sein. In unserer Tasche hatten wir ja nur das Allernötigste dabei. Für ein kleines Kind ist das schwierig, von jetzt auf gleich quasi gar nichts mehr zu haben, was ihm gehört. Es gab dort zwar ein paar Spielsachen, aber bis auf meine Kleider und den Kulturbeutel besaß ich im Frauenhaus nichts Eigenes mehr.

Einmal kam eine Frau, die auch im Frauenhaus wohnte, vom Einkauf für die Gemeinschaft zurück. Sie hatte allen Kindern – außer mir und zwei weiteren Außenseitern – eine Wundertüte mitgebracht, gefüllt mit Spielsachen und Süßigkeiten. Das traf mich damals tief. Und ganz unabhängig davon, wie spirituell entwickelt ich heute auch bin, kann ich nicht nachvollziehen, wie herzlos man sein muss, Kindern so etwas anzutun. An solch einem Ort und bei vollem Bewusstsein. Ich erinnere mich noch sehr gut an diesen Moment. Obwohl meine Mutter sofort reagierte, etwas Geld zusammenkratzte und versuchte, diese Situation irgendwie für mich noch zu kompensieren, hat sie sich mir doch dauerhaft emotional eingeprägt.

Immer wieder werde ich gefragt, warum wir damals nicht ganz aus dieser ungesunden Familiensituation weggezogen sind. Bestimmt hätte meine Mutter dafür sorgen können, dass wir vom Frauenhaus aus in eine neue Wohnung hätten umziehen können. Das Problem dabei war nur, dass wir hätten gefunden werden können und uns dann noch Schlimmeres ereilt hätte. Damals war die Lage, in der wir uns befanden, wie gesagt noch um einiges komplizierter als heute. Das ist für Außenstehende schwer vorstellbar. Die Drohung, uns totzuschlagen, begleitete uns überallhin, und wir waren sicher, dass er es wahrmachen würde.

Es gab einige Momente, in denen ich richtig wütend auf meine Mutter war, weil auch ich zuerst nicht verstand, warum wir diesen Mann nicht einfach verließen. Irgendwann begriff ich jedoch, wie schlimm es für sie war, weder vorwärts- noch rückwärtszukönnen. Wenn sie ihn verlassen hätte, wäre das Risiko hoch gewesen, von ihm ermordet zu werden. Wie ich erfuhr, bestand der »Deal« zwischen den beiden darin, offiziell bis zur definitiven Aufenthaltsbewilligung für diesen Mann zusammenzubleiben. Und das zog sich damals viele Jahre hin. Es blieb uns einfach nichts anderes übrig, als durchzuhalten, bis diese unglückselige Absprache eines Tages endlich eingelöst sein würde. Er hatte uns fest in der Hand.

Als er dann schließlich erreicht hatte, worum es ihm gegangen war, hat er sich Gott sei Dank an seinen Teil der Abmachung gehalten, verließ unser Zuhause und ließ uns endlich in Ruhe.

Lichtblicke

Inmitten all dieser schwierigen Erlebnisse gab es allerdings auch einen wunderbaren Aspekt in meinem Leben. Dank der bunt gemischten internationalen Verhältnisse in meiner Familie hatten wir, obwohl wir sehr arm waren, immer wieder auch die Möglichkeit zu verreisen. Meine Familie ist aus fünf Nationalitäten zusammengesetzt. So kam es, dass ich schon früh, nämlich bereits als Baby, länderübergreifend auf Achse war. Mit elf Jahren durfte ich das erste Mal ohne Begleitung erwachsener Familienmitglieder fliegen! Noch heute liebe ich es über alles, zu reisen und in neue Kulturen einzutauchen.

Fremdsprachen übten schon immer eine magische Anziehungskraft auf mich aus, und zwar unabhängig davon, ob ich sie verstehe oder nicht. So war es auch schon, während ich bereits als Mädchen drei Monate in Marokko verbrachte. Ein wahrer Kulturschock, und trotzdem noch bis heute spürbar eine spektakuläre Bereicherung! Da sah ich – damals waren Marokkos Städte noch nicht so für den westlichen Tourismus hergerichtet worden wie heute –, dass es Orte auf der Erde gibt, an denen Menschen einen noch schlimmeren Kampf ums Dasein auszufechten hatten als ich. Die Armut spielte sich zu diesen Zeiten noch ganz offen auf den Straßen ab.

Wenn ich daran zurückdenke, dann blitzen dennoch immer wieder magische Momente wie aus »Tausendundeiner Nacht« in mir auf. Es ist ein Kaleidoskop aus wunderbaren Erinnerungen. Wir reisten damals zur Zeit des Ramadans dorthin. Währenddessen es den Muslimen bekanntlich nur erlaubt ist, vor oder nach Sonnenuntergang zu essen oder zu trinken. Als Nichtmuslime stand es uns allerdings frei, wann und wo immer wir wollten, zu essen oder zu trinken.

Am Ende dieser Fastenzeit gab es dann ein fulminantes Spektakel. Es war einfach großartig! Ich weiß noch genau, wie meine Füße und Hände juckten, als die Hennamuster darauf zu trocknen begannen. Damit es auch richtig prächtig an Fußsohlen und Handinnenflächen leuchtete, musste es über Nacht einwirken. Also wurden mir die Hände und Füße in Tücher eingewickelt, damit ich das Henna nicht versehentlich im Schlaf wegkratzte. Am frühen Morgen kam die große Erlösung: Mit feinem Olivenöl rieb man mir die Krusten des Hennas von Füßen und Händen. Bereits beim ersten Wisch zeigten sich die mystischen Muster in leuchtendem Rot. Schon da war ich ganz hin und weg vor Glück. Aber es kam noch besser! Ich wurde in ein wundervolles türkisfarbenes Satinkleid mit goldenen, orientalisch verzierten Stickmustern gekleidet. Da fühlte ich mich wie eine Prinzessin. Immer wieder musste ich es mir vergewissern: Nein, es war kein Traum! Und ich genoss diese wundervolle unbekannte Geborgenheit in dieser überaus gastfreundlichen Familie.

Ich war rundweg begeistert, denn es war das erste Mal, dass ich mich wirklich als »etwas Besonderes« fühlen konnte. Während dieser langen Reise sammelte ich jede Menge wichtige neue Erfahrungen für mich. Ich erlebte, welch wunderbaren Zusammenhalt es unter Frauen geben kann, etwa das allabendliche gemeinsame Essen. Alle aßen von ein und derselben Platte und mit bloßen Händen. Wie großartig, dies alles erleben zu dürfen! So exotisch und ungewohnt das Ganze war, an diesem Ort und mit diesen Menschen jedoch war es eine absolut besondere Erfahrung. All die wunderbaren Gerüche der Gewürze und Garküchen in den Straßen. Diese Lebensfreude, selbst der Bettler am Straßenrand strahlte sie manches mal aus! Seine tiefschwarzen Augen leuchteten mir direkt ins Gesicht, wenn ich an ihm vorbeilief und ihm meine paar Dirham in die Hände legte.

So erfuhr ich eindrücklich, wie vielfältig das Leben doch sein kann und dass wir wahrscheinlich alle irgendeinen Kampf auszufechten haben. Und von Menschen, die mir eigentlich fremd waren, so liebevoll aufgenommen zu werden, umhüllte mein Herz wie ein sanftes warmes Tuch. Das waren wahre Lichtblicke.

Channeling-Botschaft an dich

Du trägst eine unglaubliche Kraft in dir, die unabhängig davon, ob du sie bereits entdeckt hast, in dir schlummert und dich vor dem Fall bewahren kann. Du bist alles, und du bist jetzt. Deine Seele ist wie ein leuchtender Kristall, der in allen Farben leuchtet und funkelt, wenn man ihn ins Licht hält. Sei du selbst die Person, die sich ins Licht hält, damit du aus voller Kraft leuchten kannst. Sei es umso mehr dann, wenn es andere für dich nicht können. Du bist dir wert genug, es selbst zu tun, denn du erkennst, dass du nur dich selbst benötigst, um strahlen zu können.

Neue Perspektiven

Als wir die Spirale aus Angst endlich hinter uns lassen konnten, empfand ich eine unglaubliche Erleichterung. Der Groll auf mich und die Welt verflog jedoch nicht so einfach. Es fiel mir sehr schwer, in Momenten, in denen ich eigentlich glücklich sein sollte, wirklich frei zu sein. Und nach wie vor war da dieser Hass in mir auf mich selbst, der sich hin und wieder auch in tiefes Selbstmitleid verwandelte, und manches Mal fühlte es sich sogar »gut« an, mich selbst so wahrzunehmen.

Noch immer war ich nicht gerade besonders beliebt bei den anderen. Also saß ich in meinem Zimmer und fragte mich, warum ich mich jetzt, wo wir doch »frei« waren, immer noch so wertlos fühlte. Ich war lust- und kraftlos. Dennoch ließ ich nicht locker, dachte darüber nach und hatte auch das Gefühl, für mich ein Stück weiterzukommen. Mir wurde klar, dass es nun an mir war, mein Gefühlschaos zu sortieren. Die äußeren Bedingungen hatten sich positiv verändert, auch wenn wir noch immer am selben Ort wohnten. Jetzt musste ich selbst etwas unternehmen, und zwar diesmal für mich, um nicht ganz im Selbstmitleid zu versumpfen. Ich wollte endlich wissen, warum mir all das eigentlich passiert war.

Ein Selbststudium schien mir hierzu am sinnvollsten und effektivsten zu sein, denn ich brauchte dazu nur mich und Informationen. Damit war ich unabhängig von anderen. (Aufgrund meiner bisherigen Erfahrungen wollte ich auf gar keinen Fall mehr von irgendjemandem abhängig sein müssen.) Das Internet als Informationsquelle gab es damals noch nicht. Also ging ich eines Tages in eine Buchhandlung und landete unmerklich in der Esoterikabteilung. Da gab es jede Menge Bücher, die viele Antworten auf meine Fragen versprachen.

Ich arbeitete mich querbeet durch viele unterschiedliche Bereiche hindurch, die mir hilfreich erschienen, denn ich wollte möglichst schnell zu Ergebnissen kommen. Ich wollte ergründen, woher ich kam und wohin ich gehen würde. Zuerst setzte ich mich mit den Themen »Reinkarnation« und »Karma« auseinander. Dies führte bei mir aber leider sehr schnell zu dem wenig erbaulichen Gedanken, dass ich offensichtlich in einem früheren Leben ein besonders schlechter Mensch gewesen sein musste. Das hat mich frustriert und war alles andere als konstruktiv.

Also forschte ich weiter und landete dabei tiefer in der Vorstellung interdimensionaler Welten und einem Kollektiv in der geistigen Welt. Dazu fand ich eine immense Resonanz, denn auch mir erschien es längst durchaus logisch, was schon fast als Binsenwahrheit gilt, nämlich dass die Welt viel komplexer ist, als sie gemeinhin wahrgenommen wird.

Mich faszinierte auch seit jeher die Astronomie. Sie half mir damals schon, die Welt von einer höheren Warte aus wahrzunehmen. Und mit der Vorstellung paralleler Welten wurde mein Spektrum noch um ein Vielfaches erweitert. Durch diese Impulse fühlte ich mich zu Experimenten im sogenannten paranormalen Bereich motiviert und nahm eine Entwicklung in mir ihren Lauf, die mich schließlich zu der machte, die ich heute auch in beruflicher Hinsicht bin. Im jungen Erwachsenenalter sollten dann auch noch Gruppentrainings hinzukommen. Vorerst machte ich dies aber noch mit mir aus.

Ich begann, Hoffnung und eine Kraft in mir zu entwickeln, die mir halfen, meine Vergangenheit als etwas Zurückliegendes anzuerkennen. Als wir dann dieses Viertel voller schlechter Erinnerungen endlich verließen, hoffte ich insgeheim auf einen automatischen weiteren Durchbruch »in Sachen Glücklichsein«. Ich musste jedoch bald feststellen, dass das Leben mich noch auf eine weitere sehr unangenehme Weise prüfen wollte.

Es war nicht wirklich verwunderlich, dass ich auch am neuen Wohnort unter den Mitschülerinnen und -schülern als Sonderling galt. Die Situation war aber darüber hinaus auch deshalb äußerst schräg und schwierig für mich, weil selbst die Schulleitung die massiven verbalen sexuellen Übergriffe, denen ich auf einmal ausgesetzt war, nicht ernst nehmen wollte. Man mutmaßte, ich würde mir das nur ausdenken, da es bis zu meinem Auftauchen dort angeblich keine nennenswerten Probleme dieser Art gegeben hatte. Nun möchte ich gar erst nicht im Detail ausbreiten, was in den Klassen hinter den Kulissen so alles vor sich ging. Die Probleme aber bestanden jedenfalls offensichtlich schon länger. Nur hatten sich die betroffenen Schülerinnen bis dato nicht getraut, etwas zu sagen. Ich schon. Und da merkte ich, dass ich es konnte: mich zur Wehr zu setzen und Dinge nicht mehr einfach nur akzeptieren!

Die Mobbingsituation war so schlimm, dass meine Mutter rasch reagierte und wir schließlich nach nur einem halben Jahr wieder umzogen. Wir waren so geschunden, dass wir nicht die geringste Lust und auch absolut keine Kraft mehr hatten, gegen so etwas anzukämpfen, geschweige denn uns damit zu arrangieren. Wenn wir schon einmal dabei waren, neu zu beginnen, dann bitte richtig und ohne faule Kompromisse!

Beim nächsten Anlauf begann sich dann, fast wie von Zauberhand, das Blatt zu wenden. Nun, nicht ganz wie von Zauberhand, denn ich hatte in all den Jahren gelernt, mich unterschiedlichsten Situationen anzupassen und schnell zu fühlen, welchen Menschen gegenüber ich mich öffnen kann und welchen besser nicht. Es war nicht mehr nötig, mich komplett zu verschließen, wenn ich von jemandem angesprochen wurde. Gleichzeitig wirkte meine Gesamtausstrahlung nicht mehr so weinerlich wie zuvor, sondern wohl eher gleichgültig oder gelassen; und das wirkte offensichtlich auf andere so, als ob ich stark sei. War ich mittlerweile wahrscheinlich auch.

Da ich dank meines familiären Hintergrunds multilingual aufgewachsen bin, sprach ich im frühen Teenageralter bereits fünf Sprachen. Dies kam mir an der neuen Schule sehr zugute. Wir zogen nach Murten, wo es deutsche und französische Klassen gab. Ich, als Neue, war plötzlich sehr interessant, besonders weil ich, was als Deutschschweizerin nicht selbstverständlich ist, fast perfekt Französisch sprach und somit von den französischen Klassen sehr gemocht wurde. Den Mitschülern der deutschsprachigen Klasse wiederum, der ich zugeordnet war, fiel natürlich sehr schnell auf, dass mir Aufmerksamkeit anderer Klassen zuteilwurde. Denn manchmal kam es sogar vor, dass einige Jungs so neugierig darauf waren, mich mal sehen zu können, dass sie mit anderen, die wussten, in welchem Klassenzimmer ich gerade war, unten vor dem Gebäude standen. Da sie einen Blick auf mich erhaschen wollten, schrien sie freiheraus meinen Namen nach oben und baten mich, dass ich ihnen doch kurz Hallo sagen solle.

Das war mir schon fast peinlich, aber irgendwie amüsierte es mich natürlich auch, denn ihre Art zeigte Lebensfreude und offene Neugierde. Die »Romands«, wie die französischsprachigen Schweizer auch genannt werden, hatten schon immer eine etwas offenere Art und mehr Leidenschaft als die Deutschschweizer.

Das erste Mal fühlte ich nun, dass ich mit dem, wie ich war, nicht einfach nur sonderbar, sondern auch interessant für andere sein konnte. Das tat mir gut. Wir brauchen einander, um uns gegenseitig ineinander erkennen und spiegeln zu können. Sonst laufen wir Gefahr, an unserer beschränkten Eigenperspektive innerlich zu verkümmern.

Obwohl wir auch an diesem Ort – jedoch aus anderen Gründen – nicht allzu lange blieben, stellte diese Phase eine Kehrtwende in meinem Leben dar. Denn ich erlaubte mir nun mit größerer Sicherheit und mehr Bestimmtheit, mutig und einfach ich selbst zu sein. Es war sehr wichtig, dass ich von da an beschloss, jede Neuerung als Chance für mich und mein Leben wahrnehmen zu wollen. Und auch meine Mutter ermöglichte mir von jetzt an ein selbstbestimmteres Leben, indem sie diese Krise überwand und danach glücklicherweise eine sehr gut bezahlte berufliche Stelle finden konnte.

Veränderungen, die uns das Leben immer wieder aufs Neue präsentiert, mögen manchmal auf eine eher unangenehme Weise Forderungen an uns stellen. Denn oft machen Sie uns Angst und drohen, uns möglicherweise neue, eher negative Erfahrungen zu bescheren (besonders, wenn wir auf ähnliche Erfahrungswerte zurückschauen). Was ich bisher über mein Leben mit seinen Herausforderungen mit dir geteilt habe, sind nur Fragmente der Geschichte. Ich wollte dir die Möglichkeit geben, mich etwas besser kennen zu lernen und verstehen zu können. Es ging mir darum auszudrücken, dass Resignation zwar eine Option sein kann, sie uns letztlich aber die Möglichkeit nimmt, die Magie wahrzunehmen, die der Fluss des Lebens für uns mit sich bringt, wenn wir uns ihm anvertrauen.

Unabhängig von all unseren persönlichen Geschichten und vergangenen Erfahrungen, schenkt uns der große Lebensplan viele Chancen, unseren Lebensstil und die Sicht auf uns selbst immer wieder neu zu überdenken und entsprechend anzupassen. Dann sind wir bereit zu erkennen, was uns guttut und was wir in unserem Leben wirklich wollen. Genau auf diese Weise können wir für uns immer wieder eine Wende zum Besseren hin bewirken. Die Selbstsabotage hingegen hindert uns und findet, wie das Wort schon sagt, in uns selbst statt. Die Zeit ist reif, mehr Selbstverantwortung für uns und unser Leben zu übernehmen.

Channeling-Botschaft an dich

Sei gut zu dir, auch dann, wenn andere es nicht sind. Erlaube dir, die Hoffnung auf eine Veränderung zu behalten. Fühle, dass du mit jedem neuen Schritt, den du tust, deine Welt mitveränderst. Du bist mehr als das Blatt im Wind, das sich nur nach dessen Laune hin und her bewegen lässt. Deine Welt kann sich immer zum Guten hin verändern. Die Bewertungen anderer stellen keinen ausschließlichen Maßstab dar, den du in jedem Fall für dich akzeptieren musst. Du bist die Instanz, der du eines Tages Rechenschaft ablegen wirst, und dann solltest du wissen, wie liebe- und verständnisvoll du für dich sein konntest.

Die Entdeckung der Seelenkraft

Wenn wir unter bestimmten Umständen leiden und uns selbst manchmal dafür verantwortlich fühlen, obwohl wir sie nicht verursacht haben, dann brauchen wir uns deswegen nicht zu schämen. Andernfalls verlieren wir uns dabei nämlich nur noch mehr im Selbstmitleid und manövrieren uns damit in die Opferrolle.

Oft fühlen wir uns dann auch von dem heilen Kern in uns abgeschnitten. In solchen Momenten, in der Schmerzerfahrung, begreifen wir nicht, dass wir genau in diesem schmerzhaften Prozess eng mit anderen und einem Kollektiv verbunden sind. Alle derzeit lebenden Menschen sind gemeinsam inkarniert, und wir täten gut daran, uns von den persönlichen Dramen weg und hin zu einer gelebten Gemeinschaft zu entwickeln. Zu leiden ist eine menschliche Erfahrung, die wir alle miteinander teilen. Wir hängen dabei in vielerlei Hinsicht mehr oder weniger voneinander ab, ob wir das nun wollen oder nicht.

Wenn wir also in unserem Leben vor Herausforderungen stehen, ist es gut, uns zu vergewissern, dass wir nicht allein damit sind. Und dass es immer auch Menschen gibt, die uns vorbehaltlos begegnen. Der nächste Schritt liegt dann darin, uns selbst eine Chance zu geben. Dazu wenden wir uns am besten nach innen, denn dort gibt es in jedem von uns eine Instanz, die die tiefere Bedeutung unseres Lebens genau kennt und sie uns vermitteln kann. Wir alle sind schließlich auf der Suche nach Sinn, nach etwas »Höherem«, und hegen die Hoffnung, unser Leben gut meistern zu können.

Eine »höhere Macht«

Immer weniger Menschen sehen in der Kirche noch einen spirituellen Zufluchtsort. Manche haben sie möglicherweise noch nie in ihrem Leben aufgesucht, weil sie als Kind mitunter frei von Religion erzogen wurden. Wenn wir jedoch plötzlich in eine Krise oder in eine schlimme Situation geraten, passiert es dann doch ganz unmerklich, dass wir zu beten beginnen. Wir führen Selbstgespräche oder bitten eine übergeordnete Macht, die für uns Gott sein könnte, um Hilfe. Viele nicht religiöse Menschen beginnen, durch Selbstgespräche zu »bitten«. Etwa wenn wir auf eine Jobzusage warten oder die Wohnung, die wir so gern hätten. Oft sagen wir dann innerlich Dinge wie: »Bitte, bitte, lass es dieses Mal klappen – nur dieses eine Mal!«

Bei mir gestaltete sich das so, dass ich zuerst einmal laut fluchte und stinksauer wurde, wenn ich merkte, dass ich von einer äußeren Entscheidung abhängig war und es unter Umständen passieren könnte, dass ich bei etwas nicht berücksichtigt wurde. Nach dem ersten Gefühlsausbruch kam in diesem inneren Dialog dann doch zumeist irgendwann die Notwendigkeit einzusehen, dass es wohl cleverer sei, innerlich in einem freundlicheren Ton darum zu bitten, dass sich dieses oder jenes zu meinen Gunsten entwickeln würde. Erst mit der Zeit verstand ich, dass ich so ja über meine Gedanken und diese Form des inneren Bittens immer wieder meinen Fokus an das höhere Bewusstsein richtete.

Dies war, allein schon »technisch« gesehen, ein sehr kluger Schritt. Durch diese mentale Fokussierung lernte ich, meine Gedankenkraft auf all das zu richten, was ich brauchte. Gleichzeitig lernte ich auch, etwas einzufordern und für mich um Hilfe zu bitten. Die Konzentration führte oft dazu, dass ich fast automatisch auch die nötigen Schritte visualisierte, die mich dem Gewünschten näherbrachten. Denn ich hatte erkannt, dass es nicht einfach reicht zu hoffen, damit sich alles zum Guten wendet, sondern dass ich mit meiner inneren Einstellung und meinen Handlungen im Außen maßgeblich verantwortlich für den positiven Ausgang einer Situation war. So begann ich, mir meine Bedürfnisse und erwünschten Veränderungen in meinem Leben selbst zu manifestieren und dabei die Selbstverantwortung zu akzeptieren und zu trainieren.

In Krisenzeiten hilft uns die Vorstellung einer höheren Macht, die uns begleitet und beschützt. Unabhängig davon, ob wir religiös erzogen wurden oder nicht, tun wir in solchen Momenten automatisch eines: Wir beten. Nicht unbedingt auf dem Boden kniend und nach oben schauend. Wir beginnen vielleicht, mit »uns selbst« zu sprechen, und dann kommt so etwas wie »Bitte gib mir die Kraft, das durchzustehen« oder Ähnliches. Ob das an uns gerichtet ist oder an das »Höhere«, scheint in dem Moment gar nicht so wichtig zu sein, denn wir lenken unsere Aufmerksamkeit in unser Innerstes und konzentrieren uns auf das, was wir jetzt brauchen. Wir senden den Gedanken möglicherweise zwar in Richtung eines bestimmten Gottes, Engels oder Verstorbenen, es kommt aber immer auch in unserem Bewusstsein beziehungsweise im höheren Bewusstsein an.

Manchmal flüchtete ich mich in den Gedanken, dass ich eigentlich gar nicht hierhergehöre. Das verschaffte mir kurzzeitig eine gewisse Erleichterung. Denn dann war ich in dieses Erdenspiel einfach hineingerutscht, und die Umstände wurden mir aufgezwungen. Derartige Gefühle kennen viele, wenn sie gerade durch eine schwere Zeit gehen. Doch wenn wir uns in genau diesen Momenten erlauben, tiefer in uns hineinzuschauen, dann könnten wir sehr wohl bemerken, dass es sie gibt, die Anbindung an etwas Höheres, die dem Ganzen Sinn verleiht. Der Schmerz wird dann von Licht durchflutet und beginnt langsam zu heilen. Und sobald wir durch dieses genauere Hinschauen eine Schicht tiefer gelangen, finden wir, wenn wir uns nicht selbst dabei im Weg stehen, den Zugang zum inneren heilen Kern unserer Seele. Und die Magie der Heilung beginnt immer in unserem Inneren, nicht im Außen.

Dies zu wissen, kann dich sehr unabhängig machen, denn dann erkennst du auch, dass du alles, was du brauchst, bereits in dir trägst. Auch die »höhere Macht«. Alles, was wir brauchen, um uns selbst zu heilen und das Vertrauen in das Leben zurückzugewinnen, liegt in dem großartigen »Werkzeug« unserer Seele, die wir alle besitzen. Aber genau wie unsere Hellsinne auch, wird dieser Zugang oft von irdischen Prägungen überdeckt, vor allem vom Ego. Im dunkelsten Moment unseres Lebens bleibt uns dennoch immer die Verbindung zu uns selbst. Wir können noch so hilfsbereite und liebevolle Menschen um uns herum wissen, wenn wir uns den Zugang zu unserem Kern nicht erlauben, werden wir länger in der schmerzlichen Dunkelheit unserer Verletzungen verharren.

Unser körperliches Dasein existiert nur, weil wir unsere Seelenkraft dazu benutzt haben und benutzen, es entstehen zu lassen und am Leben zu erhalten. Meine frühe Angst und Verzweiflung haben in mir den Zugang zu dieser Kraft freigelegt. Diese Tür zu einem neuen Bewusstsein hätte vielleicht wieder zugehen können, sie tat es aber nicht, weil ich mich dazu entschlossen hatte, ganz durch diese Pforte hindurchzugehen und den Raum dahinter zu erforschen. Das Leben belohnt uns oft, wenn wir dem Ruf folgen, den wir in unserem Innersten verspüren. Damals wie auch heute noch wird dies durch meine persönlichen Erfahrungen untermauert. Ich durfte erleben, wie sich meine Selbstwahrnehmung komplett veränderte und ich auch aus vielen Widrigkeiten, die ich als Opfer erlebt hatte, herausfand in ein selbstbestimmtes und erfolgreiches Leben. Ich muss zugeben, dass hierbei unter anderem die Entdeckung und Entwicklung meiner paranormalen Fähigkeiten zusätzlich sehr geholfen haben. Mir wurde gezeigt, dass wir als menschliche Wesen über Kräfte verfügen, die vom Verstand allein nicht vollumfänglich erklärt werden können. Nicht nur ich, sondern wir alle können den Zugang zu diesen Kräften entwickeln und ausbauen. Der Sinn des Lebens ist weit mehr, als sich nur in gesellschaftlich engen Normen zu bewegen und sich danach auszurichten. Obwohl sich mein Verstand zuerst im Frustmodus eingerichtet hatte und so auch verharren wollte, gab es in mir ein spirituelles Licht, das mich dank seiner starken Anziehungskraft dazu brachte, mich zusammenzureißen, mich liebevoll anzuerkennen und etwas Gutes aus meinem Leben zu machen. Als ich begann, mir diesen Zugang bewusst zu erlauben, erkannte ich, dass er nicht nur in mir verankert ist, sondern in jedem von uns. Diese Kraft wartet nur darauf, von uns die Erlaubnis zu erhalten, uns stärken, heilen und leiten zu dürfen.

Unsere Seelenkraft entdecken wir nicht selten dann, wenn wir auf der Suche nach dem Sinn unseres Lebens sind. Wenn wir es »richtig« machen, dann stoßen wir währenddessen irgendwann auf unser höheres Selbst, das im Einklang mit einem kollektiven höheren Bewusstsein ist. Manche Lehrer unterscheiden das gemeinsame Bewusstsein aller aktuell inkarnierten Menschen auf Erden von dem alles umfassenden kollektiven Bewusstsein. Damit unsere irdische Vorstellung das Ganze besser begreifen kann, schließe auch ich mich dieser Unterteilung an. Je nachdem, ob wir die Bereitschaft haben, auch noch andere Bewusstseinsformen oder Welten nebst der uns »bekannten« anzuerkennen, offenbart der Blickwinkel unterschiedliche kollektive geistige Zusammenschlüsse. Wenn wir mit unserem höheren Bewusstsein, das sich im Übrigen tief in uns und nicht räumlich über uns befindet, in einem inneren Dialog stehen, dann erwacht in uns das Gefühl des Geführtseins. Wir spüren die Verbundenheit mit einer magischen Lebenskraft, die uns behutsam, aber dennoch fordernd in unserem Leben vorantreibt. Oft meldet sich dieses Bewusstsein durch eine Stimme in uns, die uns warnt oder ermutigt, auch oder gerade in Momenten, in denen es sonst niemand tut.

Phönix aus der Asche

Ich fühlte mich, als ob ich wie der Vogel Phönix zuerst verbrannt und dann aus der Asche wiedergeboren worden sei. Dieses Symbol aus der Mythologie vieler Völker: Um die menschliche Erfahrung zu beschreiben, ist es einfach perfekt. Eigentlich immer, wenn ich einen Phönix als Hinweis in Form eines Symbols vor meinem inneren Auge in einer Vision erhalte, ist meine erste Reaktion ein »Oh, oh!«. Schnell darauf erkenne ich, was bald mit mir oder dem Menschen, für den ich diese Prophezeiung erhalten habe, relevant und transformierend sein wird. Denn der Phönix symbolisiert weit mehr als nur eine anfänglich schmerzhafte Zerstörung einer bestimmten Lebenssituation, in der wir uns befinden. Er ist das Symbol für Erneuerung und steht für die Zerstörung alter Situationen oder Muster. Wenn er vollständig verbrannt ist, ruht er kurz. Bis er dann anschließend aus der Asche emporsteigt und in noch nie da gewesenen kräftigen Farben leuchtet und nur so vor Kraft strotzt. Anmutig, stolz, wiedergeboren.

Früh wurde mir fast alles genommen. Bis zu dem Punkt, an dem ich mich aufgab und wie erlosch ... In diesem Zustand zerstörte ich ganz bewusst die Dinge, die mir wichtig waren, bis es nichts mehr zu zerstören gab. Bestimmt drei Jahre vergingen, in denen ich weder kämpfte noch wirklich fühlte oder lebte, sondern nur noch zerstörte und dann in eine Art Dämmerzustand verfiel. Manchmal brauchen wir Zeit. Zeit, in der wir nichts weiter tun, als die rudimentären Bedürfnisse unseres physischen Überlebens zu stillen. Als ich schließlich jenen wichtigen Nullpunkt für mich erreicht hatte, war ich fähig, die Kehrtwende zu vollziehen und aus meiner eigenen Asche heraus wiederaufzuerstehen.

Für den Spirit Move ist nicht immer die Kraft und Dynamik durch den »Tod« und die »Wiederbelebung« eines Phönix erforderlich. Manchmal aber, wenn wir eine wirkliche Leiderfahrung gemacht haben, benötigen wir im wahrsten Sinne des Wortes einen vollständigen Neustart. Das kann so weit gehen, dass der materielle Körper stark mit dieser symbolischen Zerstörung in Resonanz tritt und krank wird.

Während meiner Auferstehung begannen sich alle Gedanken, Erinnerungen, Erfahrungen und das daraus Gelernte wie funkelnde einzelne Lichter wieder zu einem großen Licht zusammenzufügen. Gedanken- und Inspirationsfeuer wurden in mir entfacht. Es war, als ob ich alles, was ich bis dahin an Schönem und Faszinierendem verpasst hatte, zu mir heranzog. Und schlagartig erkannte ich all die magischen Dinge, die meine Welt mir zu bieten hatte! Alles war da; ich brauchte nur bewusst die jeweilige Richtung einzuschlagen und mich aktiv auf den Weg machen, um es zu erhalten. Dabei fühlte ich mich sicher, denn ich wusste, dass ich wie Phönix verbrannt und wiederauferstanden war und schon so vieles überlebt hatte, dass ich wahrhaftig nichts mehr befürchten musste. Denn ich würde wieder überleben!

Die Wahl, die ich getroffen hatte, begann, mir ein tieferes Gefühl der Freiheit und Selbstverantwortung zu vermitteln. Dass ich von nichts und niemandem gezwungen werden konnte, irgendetwas zu tun. Ganz allein gab ich mir die Erlaubnis, meine Energie in eine Richtung zu lenken, die gut für mich war. Sie war noch vage, die Vision meiner Zukunft, aber schemenhaft konnte ich sie schon erkennen.

Sei mutig!

Das Leben. Wie viele heftige Situationen haben wir schon durchlebt und sind trotzdem noch da? Von Mal zu Mal lernen wir, mit Problemen umzugehen. Sie zeigen uns so vieles auf. Sie helfen uns, persönlich zu reifen und bis in unseren innersten Kern vorzudringen. Wir verfügen über die Fähigkeit, schlimme Dinge zu ertragen und sie immer wieder auf unsere ganz individuelle Art zu verarbeiten. Dessen sollten wir uns bewusst sein und damit aufhören, uns mit anderen zu vergleichen! Nehmen wir uns die Zeit, die wir persönlich brauchen, um uns unseren Krisen mutig zu stellen und sie zu verarbeiten. Zudem ist es wichtig, dass wir ab einem gewissen Punkt auch Hilfe und Inspiration von außen zulassen.

Rückblickend war es für mich von Vorteil, dass ich sehr früh lernen musste, mit schwierigen Situationen umzugehen. Ich vergleiche das immer gerne mit einem gebrochenen Knochen: Wenn dieser wieder zusammenwächst, ist er an der Stelle, an der er verletzt wurde, umso stärker. Denn die neue Verwachsung wird an jener Stelle etwas dicker.

Mit unseren seelischen Wunden kann es sich sehr ähnlich verhalten. Ich jedenfalls empfand das für mich so. Manch einer erlebt das erst als Erwachsener, dass er plötzlich vor großen Herausforderungen steht, und tut sich vielleicht etwas schwerer damit. Als Kinder sind wir meist lern- und vielfach auch etwas anpassungsfähiger als die Großen. Dessen ungeachtet, sind wir lebenslang in der Lage, uns weiterentwickeln zu können, und zwar auch ganz grundlegend.

Manchmal höre ich Sätze wie: »Ach, jetzt bin ich schon sechzig, es lohnt sich nicht mehr, großartig was zu ändern, dafür bin ich zu alt.« Mir ist bewusst, dass meist Mutlosigkeit und Unsicherheit die Veränderungsbereitschaft ausbremsen. Damit begrenzen wir uns aber nur selbst.

Da ich von Anfang an immer wieder gezwungen war, nach vorn zu schauen und meine inneren Reserven zu mobilisieren, wirken Schicksalsschläge mittlerweile zumeist in abgeschwächter Form auf mich ein. Nicht, dass ich solche Situationen »gut« fände, auch ich leide natürlich, wenn das Leben mich mal wieder »unfair« behandelt. Heute braucht es aber verhältnismäßig viel, dass es mich langfristig massiv beeinträchtigen könnte. Mittlerweile kann ich mich in herausfordernden Situationen schneller zurechtfinden und sie recht zügig verarbeiten. Eine solche innere Entwicklung ist übrigens durchaus auch in späteren Jahren noch möglich.

Wesentliche Schritte auf dem Weg meines eigenen Spirit Moves erfuhr ich bereits als Teenager. Die Bewusstseinsentwicklung, die ein wichtiges inneres Sicherheitsnetz aufbaut, hat mich dabei mehr als einmal aufgefangen. Das innere Netz (es besteht aus der treibenden Kraft unseres höheren Bewusstseins, das wie eine fleißige Spinne immer wieder »Erkenntnis- und Bewusstwerdungsfäden« generiert und miteinander verknüpft) hilft uns dabei, den Zugang zu unserem inneren heilen Kern schneller wiederzufinden. Wie der Knochen, der durch den Bruch und die anschließende Heilung stärker wird, kann auch dieses Netz durch schwierige Situationen langfristig gestärkt werden.

Wenn du diesem Verständnis – ob du nun alt oder jung bist – in dir Raum gibst und es zulässt, dann werden aus deine inneren Verletzungen deine Stärken. Denn dieses Netz ist auch so beschaffen, dass es als Sensor dienen kann, um dich vor ganz ähnlichen Schwierigkeiten zu warnen und zu bewahren. Das Netz existiert und will dir dienen und dich warnen. Wenn du aber nicht gelernt hast, es als solches zu erkennen und ihm zu vertrauen, dann kannst du trotzdem wiederholt in recht ähnliche Situationen hineinschlittern. Manchmal ist es sogar so, dass die negative Resonanz, die du in deinem Sicherheitsnetz mit dir trägst, weil du dir nicht die Zeit genommen hast, sie zu verarbeiten und damit loszulassen, eben solche Verletzungen förmlich anzieht. Dann betrachtest du die Verletzungen vielleicht immer noch aus der Opferperspektive.

Ein weiterer wichtiger »Negativ-Resonanzpunkt«, der das Netz an der Verrichtung seiner Arbeit hindern kann, ist folgender: In meinen spirituellen Beratungen höre ich im Grunde viel zu oft, dass meine Klienten genau wissen, was sie nicht wollen. Sie wollen nicht schon wieder in eine ähnliche Partnerschaft geraten, nicht jemanden, der sie wieder betrügt, oder nicht schon wieder in einen Job geraten, der sie komplett auslaugt und/oder in dem sie wieder gemobbt werden. Wir alle kennen solche »Nicht-schon-wieder«-Sätze wohl nur allzu gut.

Nun bin ich sicher nicht die Erste, die diese Negativresonanz anspricht. Aber man kann es nicht oft genug betonen, denn wir alle sind tatsächlich häufiger in diesem Modus: Unsere Gedanken kreisen somit in unserem inneren Sensor um das Negative. Das grundlegende Lebensgesetz der Resonanz besagt jedoch, dass ich das, worauf ich mich konzentriere, also was ich aussende, auch anziehe. Wenn ich mich also auf das konzentriere, was »ich nicht schon wieder erfahren will«, fokussiere ich mich damit leider genau darauf. Und dadurch ziehe ich auch Situationen oder Menschen an, die das Potenzial in sich tragen, mich zu betrügen oder zu mobben oder was auch immer ... Das Universum scheint das sinnwendende Wörtchen »nicht« offenbar völlig zu ignorieren ...

Ich musste mich meiner Opferrolle bewusst stellen, indem ich aufhörte, in doppelter Verneinung nicht unwichtig und nicht wenig liebenswert sein zu wollen, und mich stattdessen aufrappelte, meinen Selbstwert anzuerkennen. Sei also mutig, und fasse deine Wünsche in bejahende Aussagen, indem du etwa wichtig und liebenswert sein willst!

Was möchtest du wirklich in deinem Leben? Wie viel wird durch deine Glaubenssätze über dich selbst schon fast »fremd«-bestimmt? Wie viel wird von den Vorstellungen über deine Familie oder die Gesellschaft beeinflusst? Nicht immer können wir uns die Lebensumstände frei wählen. Wir können ihnen aber sehr wohl mit Mut und innerer Klarheit begegnen und sie dadurch eventuell sogar langfristig verändern. Sich zu fragen, was man wirklich will, erfordert auch Ehrlichkeit mit sich und anderen. Eine gute Portion von alledem ist uns bereits in die Wiege gelegt worden. Jeder verfügt über diese innere Stärke, die aktiviert werden kann, und über das Potenzial für ein Bewusstsein, das den Aufbau jenes inneren Netzes erlaubt, wie ich es oben beschrieben habe.

Natürlich geht es uns nicht nur um uns, sondern auch um das Wohlergehen unserer Kinder, Partner, Eltern und so weiter. Aus Angst, ihnen zu schaden oder nicht (mehr) von ihnen geliebt zu werden, lassen wir häufig zu viel über uns ergehen. Die gesunde Balance zwischen dem Du und dem Ich zu finden, sollte daher unser Ziel sein. Der Spirit Move erlaubt es uns, einerseits auf uns selbst zu schauen und andererseits auch die Grundbedürfnisse der anderen im Auge zu behalten. Im Kern besitzen wir alle ein spirituell offenes

Bewusstsein, das uns, wenn wir nur tief genug in es hineinspüren, in diesen stabilen, starken innerlichen Zustand führen kann. Wir dürfen dabei auch immer wieder mutig Fehler machen. Das Leben ist geduldig mit uns, auch dann, wenn wir es umgekehrt nicht sind.

Zeitweise war ich von meiner Lebensmusterspirale so eng umschlungen, dass ich den Strudel durch meine Gedanken und unsicheren Gefühle oder Negativresonanzen selbst an mich band, ohne es zu bemerken. So entstand in mir das Gefühl, dass ich zuerst viel leisten musste oder dass ich nicht genug war, um mir die Erlaubnis zu geben, zu meinen wahren Bedürfnissen zu stehen oder gemocht zu werden. Oft reflektiere ich noch heute solche Muster im Alltag, um kleine Nuancen herauszufiltern und ihnen entgegenzuwirken.

Ich kann nicht wirklich behaupten, immer und überall vor meinen inneren Fallen gewappnet zu sein. Den Anspruch hege ich auch gar nicht, auch wenn ich sonst eher dazu neige, höchste Ansprüche an mich selbst zu stellen. Wenn wir über unsere Muster nachdenken, verschwinden sie auch nicht automatisch, und doch ermöglicht es uns, diese immer wieder aus einem anderen, neuen Blickwinkel zu betrachten. Langsam kann sich dann auch unsere Sicht darauf und unsere innere Haltung ihnen gegenüber verändern. Und je mehr wir diese inneren Muster erkennen, desto weniger Einfluss haben sie auf uns, und umso mutiger können wir voranschreiten.

Channeling-Botschaft an dich

Die Zeit ist reif, den Quell der Kraft in dir zu erwecken. Die Energie in deiner Seele ist unendlich, und sie schafft manchmal Unmögliches! Sobald du sie fühlst, merkst du, dass sie aus einer großen kollektiven Quelle stammt, die dich immer begleitet. Du beginnst, in dir zu fühlen, dass du ein mystischer Teil einer spirituellen Gemeinschaft bist, der sehr wertvoll ist.

Das Leben in der
»Illusion« der Materie

Unser westliches Glaubenssystem, das in weiten Teilen vom Materialismus und recht kühlen Atheismus geprägt ist, war mir bereits als Kind und Jugendliche suspekt. Obwohl ich auch danach erzogen wurde, zweifelte ich schon immer ein wenig an der Vorstellung, dass der Mensch nur dank seines Gehirns ein Bewusstsein hätte. Diese Weltsicht versucht, uns weiszumachen, dass unsere Seele als das Konstrukt einer Illusion durch unsere »grauen Zellen« produziert werde.

Meiner Ansicht nach verhält es sich jedoch gerade umgekehrt: Die materielle Welt und die Vorstellung, darin zu leben, ist in meinen Augen die Illusion. Das soll nicht heißen, dass ich dem Leben hier auf Erden und der Materie an sich keine Bedeutung beimessen würde. Im Gegenteil! Die physische Welt und die Erfahrung, die wir hier machen, ist sehr wohl real und bringt wundervolle wie auch herausfordernde Möglichkeiten mit sich, um uns entwickeln und als Individuum erfahren zu können. Möglichkeiten, die wir in unserer Heimatdimension, der geistigen Welt, nicht auf die gleiche Weise erleben könnten. Die Illusion besteht für mich vielmehr darin, dass wir denken, die materielle Erfahrung sei das einzig Wahre und Wirkliche, was existiert oder jetzt, in diesem Moment, von uns erlebt werden kann.

Wir sind geistige Wesen, die über ein faszinierendes Bewusstsein verfügen. Wir alle haben die Fähigkeit, viele unterschiedliche Leben in der physischen Existenz zu durchlaufen. Mit allem, was das mit sich bringt. Damit dies für uns als geistige Wesen auch funktioniert, benutzen wir jenen von mir bereits so genannten »organischen Raumanzug« – unseren physischen Körper.

Manch einer mag vielleicht an seinem gesunden Menschenverstand zweifeln, wenn er erfährt, dass er sich als Seele freiwillig gemeldet haben soll, um genau jetzt und genau hier zu inkarnieren. Unser materielles Sein und dieses Leben fordern ja doch so manchen Tribut von uns. Aber wir alle sind jetzt nun mal hier. Und bevor wir uns in rationalen Erklärungsversuchen und Zweifeln verlieren, nutzen wir diese Gelegenheit doch am besten, um das Beste aus dieser Erfahrung zu machen!

Wir haben uns darauf eingelassen. Und wir wissen, dass uns nicht nur Anstrengendes widerfährt, sondern immer wieder auch Wunderbares geschenkt wird. Nehmen wir etwas relativ Basales und Faszinierendes zugleich, wie unsere Nahrungsaufnahme mit all den wunderbaren Geschmacksrichtungen und Dufterlebnissen! Das Verliebtsein und die zwischenmenschliche Liebe hier auf Erden, genau wie die vielen weiteren, unglaublich schönen, körperlichen Sinneseindrücke, die die Natur uns ermöglicht. Uns als Individuum zu erfahren und zu erkennen, zu welcher Entwicklung wir eigentlich fähig sind. Dieses ganze Erfahrungsspektrum wird es im Danach, in der Geistigen Welt, so in dieser Form, mit all seinen qualitativen Abstufungen und Genussgefühlen, nicht mehr geben. Jede Welt, und es gibt einige (!), weist ganz eigene Gesetzmäßigkeiten auf und bietet individuelle Erlebnis- und Entwicklungsspielräume. Das sollten wir und bewusst machen und zu schätzen wissen.

Wenn ich heute an mich als Kind zurückdenke, an dieses unscheinbare, schüchterne und zutiefst frustrierte Mädchen, dann nehme ich immer noch jenen inneren Kampf war, der damals in mir tobte. In solchen Momenten nehme ich diese Erinnerung zugleich an. Ich akzeptiere sie als Teil dieses einen, ganz besonderen Wegstücks meines irdischen Daseins, das ich als Mensch erleben darf. Der damalige Kampf ließ mich quasi mit allem unzufrieden sein. In einer Art Rundumschlag war ich unzufrieden mit meinem Leben, den Mitmenschen, ja mit meiner gesamten Existenz auf Erden. Alles schien mir unfair und in seiner Härte ungefiltert auf mich einzuprasseln. Wo ich auch hinschaute, mein Blick fiel nur auf das, was schlecht war. Das prägte mich und ließ mich die Dinge eher nüchtern betrachten. Die schöne und gute Seite der menschlichen Erfahrung und des Menschseins kann ich mittlerweile sehr wohl sehen und fühlen. Doch die Realistin in mir fordert auch dazu auf, über das hinauszugehen, was uns aktuell möglich erscheint.

Meine Erwartungen an die menschliche Entwicklung, die uns bevorsteht, sind hoch. Denn ich weiß, zu was wir als Individuen und auch im Kollektiv fähig sind. Und das ist bei Weitem mehr als das, was wir aktuell leisten. Wir sind unendlich kreativ und sollten uns gegenseitig mit tiefem Respekt vor der Größe unserer Seelen begegnen. Leider ist es aber auch so, dass unser »organischer Raumanzug« mitsamt Ego sowie dessen Bedürftigkeit zwischenzeitlich immer wieder allem einen Strich durch die Rechnung macht.

Meine eigene mitfühlende Verbundenheit mit der Erde und dem Kollektiv wurde mir so richtig bewusst, als ich einmal einen Ausflug in einen Tierpark machte, ich war wohl um die zehn Jahre alt. Da sah ich dieses große bunte Schild, auf dem der südamerikanische Regenwald abgebildet war. Inmitten der dargestellten Waldzonen leuchtete eine digitale rote Ziffer, die sich sekündlich erhöhte. Sie zeigte, wie viele Quadratmeter Regenwald pro Sekunde abgeholzt werden. Wie gelähmt stand ich vor dem Schild. Unweigerlich begann mein Verstand, diese rote Zahl weiterzuzählen und ihre Höhe abzuschätzen, wenn ich erwachsen sein würde. Mir schossen Tränen in die Augen, und ein leichtes Gefühl von Panik durchdrang meinen Brustkorb. Ich dachte, dass es keinen Regenwald mehr geben würde, wenn es genau in dem Takt immer so weitergehen würde. Unterhalb der Tafel gab es eine kleine Box für Spenden. Und als ich feststellte, dass ich gar kein Geld dabeihatte, um einen kleinen Beitrag zum Schutz des Regenwaldes leisten zu können, frustrierte mich das noch mehr. Diese Tafel und das Mitleid, das ich da für den Wald und die Erde empfand, haben sich mir tief ins Gedächtnis eingeprägt.

Heute, dreißig Jahre später, existiert der Regenwald noch, aber leider nur noch zu einem Bruchteil seiner ursprünglichen Größe. Obwohl es schon damals Naturschützer gab und viele davon immer noch tapfer kämpfen, liegt die weltweite Waldabholzung bei dreißig Millionen Hektar pro Jahr, und damit auf einem Rekordhoch. Dies entspricht einer Fläche von Großbritannien und Irland zusammen, und das nur in einem Jahr!

Solange der Wald bei uns zu Hause noch weitgehend in Ordnung ist – wovon angesichts der aktuellen Schäden bei Weitem nicht uneingeschränkt die Rede sein kann –, sind wir nicht weiter beunruhigt. Und viele fragen sich, was sie hier in Europa schon dagegen unternehmen können? Aber die Abholzung des Regenwaldes steht schon auch in direktem Zusammenhang mit unserem Konsumverhalten. Es geht dabei um Papier, Holz, Platz für Palmöl- oder Sojaplantagen, Rinderweiden oder um Bodenschätze, von denen wir alle global »profitieren«.

Ich wünschte mir wirklich, mehr Menschen könnten dank einer Bewusstseinserweiterung fühlen, dass wir hier alle in einem Boot sitzen. Und noch einmal: Ob wir es wollen oder nicht, wir sind eine Gemeinschaft von Wesen, die noch nicht gelernt haben, für ein höheres Wohl der Erde und der Menschheit zusammenzuarbeiten. Indem wir uns solchen Missständen aktiv entgegenstellen, tragen wir zum Wachstum der materiellen wie auch der geistigen Welt bei.

Was um mich herum geschah, belastete mich, wie viele andere Kinder auch, schon früh. Vielleicht reagierte ich gerade deshalb so stark auf diese übergeordneten Missstände, weil mein zu Hause kein sicherer Ort für mich war. Ich fühlte mich zwar einsam, aber trotzdem zugleich mit allem verbunden. Und Aufgeben kam nicht infrage.

Die Verantwortung der Menschheit als Kollektiv wurde mir auch auf vielerlei andere Weisen gezeigt. Dieser Weltschmerz hat mich mehr als nur einmal gequält, manchmal noch heute. Nur erkenne ich mittlerweile, dass es wichtig ist, ihn wahrzunehmen, um ihn transformieren zu können. Er ist immer wieder aufs Neue ein Weckruf für mich und zeigt mir, dass auch ich die Verantwortung für unseren spirituellen Fortschritt und den Planeten mittrage und aktiv daran mitwirken muss.

Der Mensch ist mit seinem Bewusstsein ein sehr sensibles und dennoch kraftvolles Wesen. Meist steckt er mit seinem »organischen Raumanzug« in der aktuellen materiellen Welt jedoch ein wenig fest. Anstatt die Magie der beiden Seiten, des Geistigen und des Materiellen, richtig zu erkennen und zu nutzen, steckt er seinen Kopf gerne mal in den Sand. Mit seiner Fähigkeit, über sich selbst hinaus zu denken und zu fühlen, kann er die wunderbarsten Erfahrungen seiner interdimensionalen Existenz einleiten. Manches Mal scheinen wir jedoch so stark von der 3-D-Version der Materie eingelullt zu sein, dass wir uns das Leben selbst schwer machen. Das geschieht meist deshalb, weil wir uns der Fülle unserer Wahrnehmungen und Stärken nicht stellen möchten und uns doch häufiger auch von unseren materiellen Bedürfnissen leiten lassen.

In meinem ganzen bisherigen Leben habe ich mich bemüht, den Sinn des Lebens zu erkennen. Heute meine ich, der Antwort schon ein wenig näher gekommen zu sein. Ganz provokativ würde ich sagen, dass niemand, möge er sich auch als noch so »erleuchtet« bezeichnen, von sich behaupten kann, ihn vollumfänglich verstanden zu haben. Um diesen Sinn nämlich wirklich erkennen zu können, müssten wir wohl in einen völlig anderen Zustand eintauchen. Also die Welten aus einer höheren und ganzheitlicheren Perspektive betrachten, als uns dies aktuell möglich ist. Auch wenn wir in unser »reines« Bewusstsein vordringen, wäre dies womöglich nicht ausreichend. Das »Leben« ist weitaus komplexer, als wir denken oder fühlen können. Es geht dennoch darum, unseren Augen bewusst das Sehen zu erlauben und unser Herz auch dann zu öffnen, wenn andere es nicht tun. Reines Bewusstsein mag losgelöst von einer irdischen Inkarnation sein, dennoch stecken wir immer in der Materie und benötigen daher beides: neutrales und individuelles Verhalten. Denn reines Bewusstsein allein ist aus irdischer Perspektive ein Zustand des »neutralen Fastnichts-Seins«, das Leben auf der Welt braucht aber mehr als ein »neutrales Nichts-Sein«. Das menschliche Bewusstsein ist unglaublich stark, doch die Materie ist es auch. Wir befinden uns während der aktuellen Entwicklung in einem enormen Spannungsfeld der Bedürfnisse. Derjenigen unseres interdimensionalen Geistes, der in seiner Tiefe über all die anderen Welten und die Wichtigkeit unseres Daseins Bescheid weiß, und des egoistischen Teils in uns, der nur allzu oft Anerkennung auf materieller Ebene, Kontrolle und Dominanz einfordert.

Viele Welten

Als Menschheit sind wir zwar eine verbundene Gemeinschaft und teilen miteinander viele ähnliche Eigenschaften, auch sind wir prinzipiell gleichwürdig und -wertig, aber gleich im Sinne von identisch sind wir natürlich nicht, das dürfte klar sein! Müssen wir auch nicht. Denn genau diese Vielfalt, die wir auf Erden natürlich auch in Flora und Fauna erleben dürfen, ist bei uns Menschen doch etwas ganz Besonderes. Wir unterscheiden uns nämlich nicht nur durch unser Äußeres, sondern vor allem auch durch unsere persönlichen Identifikationen und unser jeweils unverwechselbar individuelles Wesen. Für diese Inkarnation verfügen wir alle über ein »vermenschlichtes« Bewusstsein, dennoch ticken wir auch auf anderer Ebene sehr unterschiedlich. Durch meine Astralreisen und die enge Kooperation mit der geistigen Welt weiß ich, dass wir auch in unserer Seelenstruktur recht unterschiedlich geprägt sein können. Letzteres ist neben den Gegebenheiten der Dualität auch einer der Gründe dafür, warum manche von uns so »anders« sind und sich sowohl in unserer Dimension als auch in ihrem Körper irgendwie »fremd« fühlen.

Die Vorstellung, dass wir Menschen als Seelen aus der nicht materiellen, der geistigen Welt stammen, ist ja mittlerweile einigermaßen akzeptiert. Seitdem ich mich professionell mit dieser Thematik beschäftige – und das ist nun bereits eine ganze Weile –, weiß ich, dass es jenseits unserer Welt nicht nur eine, sondern noch viele andere parallele Welten gibt, die sich alle voneinander unterscheiden. Es ist also durchaus möglich, dass unsere Seele, bevor sie auf die Erde gekommen ist, bereits in einer ganz anderen interstellaren Welt des Universums gelebt hat. Vielleicht hat sie alternativ auch eine Erfahrung in einem parallelen Universum gesammelt, in dem mitunter komplett andere Gesetzmäßigkeiten gelten als in dem hiesigen. Es gibt Welten, die aus reiner »Energie« bestehen, aber auch solche aus uns nicht bekannter »Materie«. Sogar hier gibt es ja auch Elemente, die uns völlig unbekannt sind. Erst im Jahr 2004 haben russische und amerikanische Forscher zum Beispiel ein neues Element entdeckt, eine künstlich erzeugte, neue Verbindung namens »Element 115« oder »Moscovium«.

Nur ein Beispiel einer solchen Dimension aus reiner Energie ist dabei diejenige, die wir als die Geistige Welt oder Jenseits bezeichnen. Viele Menschen, die Astralreisen gemacht oder Nahtoderfahrungen erlebt haben, Parapsychologen, Ufologen oder Jenseitsmedien wie ich erforschen die

Geistige Welt schon viele Jahrzehnte lang. Während meiner außerkörperlichen »Ausflüge« entdeckte ich auch Welten, in denen wir eine ganz andere Bestimmung verfolgen als die dual geprägte, instinktive, wie wir sie aktuell erfahren. Dort »Inkarnierte« kennen zum Beispiel keine Gefühlsausbrüche so wie wir, weil solcherlei emotionale Erfahrungen für sie eher nebensächlich sind. Und für mich war es eine absolut spannende Erkenntnis an sich, dass wir nicht nur in unserem physischen Universum auf unterschiedlichen Planeten inkarnieren können, sondern darüber hinaus auch in unterschiedlichen Dimensionen.

Im Weltall gibt es einige Planeten, auf denen Zivilisationen existieren. Manche davon waren unserer Erde einst sehr ähnlich. Sie haben sich jedoch in einer Weise entwickelt, die den Individualismus, wie wir ihn noch kennen, nicht mehr erlaubt. Dies geschah unter anderem auch durch genetische Manipulationen, eine Art Züchtung, die nichts »Humanes« oder Individualistisches mehr übrig ließ: die typischen »Aliens«, wie wir sie uns vorstellen.

Woher ich das weiß? Weil ich vor einigen Jahren von ihnen besucht wurde. Sehr viele Menschen haben weltweit sehr konkrete Erfahrungen mit solchen Wesen gemacht. Und das waren keineswegs nur »weltfremde Spinner«, wie man sie gerne abstempelt, sondern auch Leute, die sich eigentlich gar nicht besonders für solche Dinge interessieren. In den letzten Jahren durfte ich immer wieder sehr faszinierenden Menschen begegnen, die internationale Anerkennung dafür erfuhren, solche Phänomene in sehr gut recherchierten Filmen dokumentiert zu haben. Während meiner Gespräche mit ihnen stellte sich heraus, dass sich viele unserer Erfahrungen hinsichtlich extraterrestrischen Lebens decken.

Wir wissen mittlerweile auch, dass in unserem Universum intelligente Lebensformen existieren, die durch ständige Optimierung und aufgrund ihrer langen Existenz über eine hoch fortschrittliche Technologie verfügen. Präastronautiker, Ufologen und Psychologen, die sich unter anderem mit dem Phänomen der »Begegnungen der Dritten Art« (Alien-Entführungen) befassen, wissen über diese Zivilisationen zum Beispiel, dass sie Telepathie (Kommunikation über Gedanken), Telekinese (Manipulation von Gegenständen durch Gedankenkraft) und Psychokinese (Beeinflussung von Bewusstsein, aber auch Programmen durch Gedankenkraft) bis zur Perfektion optimiert und komplett integriert haben. Nicht selten werden solche Fähigkeiten (was im Übrigen schon lange auch die irdischen Militärs erforschen, vor allem in den USA und in Russland) auch als Waffe oder Manipulationsmöglichkeit benutzt.

Aus einer neutraleren und höheren Perspektive betrachtet, ist unsere Welt mit dem wunderschönen blauen Planeten Erde so etwas wie ein großes Labor zum Experimentieren. In der Arbeit mit meinen Klienten, wobei ich mich ja immer in einem veränderten Bewusstseinszustand befinde, habe ich bemerkt, dass nicht jeder von uns ein »rein menschliches« Bewusstsein besitzt. (Wenn sich das menschliche Bewusstsein überhaupt so klar von anderen Bewusstseinsformen im Universum unterscheiden lässt.) Man könnte annehmen, dass sich die menschliche Erfahrung in unseren Inkarnationen ausschließlich auf der Erde abspielen würde. Erfahrungsgemäß ist das aber nicht immer so. Manchmal wissen meine Klienten, dass sie bereits Existenzformen in anderen Welten durchlebt haben. Es gibt Menschen, die von sich sagen, dass sie nicht »reinrassig« menschlich sind, dass sie nicht hundertprozentig als Homo sapiens inkarniert, sondern vielmehr Seelen sind, die bereits explizit interdimensionale Inkarnationen und Reisen erlebt haben. Manche schon so oft, dass sie kein Gefühl mehr dafür haben, wo ihr Ursprung liegen könnte.

Wir verfügen auf der Erde über eine solch gigantische Vielfalt im Bewusstseinspool, ähnlich wie dies ja auch beim physischen Genpool der Fall ist, der ebenfalls bis heute noch nicht vollständig erfasst, erforscht und verstanden ist. So prallen wir mit unseren Meinungen und Theorien auch mit besten Absichten manchmal stark aneinander, weil wir sehr unterschiedliche Vorstellungen eines bewussten und guten Lebens haben, und zwar auch in spiritueller Hinsicht.

Die Krux ist, dass man nicht so leicht festlegen kann, wer Recht oder Unrecht dabei hat. Dieser Spagat wird uns noch eine ganze Weile vor die eine oder andere Zerreißprobe stellen, bis wir alle gelernt haben, hinreichend empathisch und tolerant zu sein, das richtige Maß zu finden und auf dem gemeinsamen Nenner systematisch aufzubauen. Wenn wir langfristig erkennen, welche Lebensgrundlagen für uns und die Gemeinschaft wirklich wichtig sind, dann werden wir schließlich »am selben Strang ziehen« und etwas nie Dagewesenes erleben können. Es bringt uns gar nichts zu versuchen, andere zu verändern, ihnen unseren Weg oder unsere Einsichten aufzudrängen. Wir alle haben unterschiedliche Motive, Bedürfnisse und Ansätze und stehen zudem immer auch an verschiedenen Punkten in unserer persönlichen Entwicklung. Was wir jedoch tun können, ist, in ethisch-moralischer Hinsicht ein Vorbild zu sein und andere durch unser Sein und Tun zu inspirieren, das Gemeinsame zu erkennen und sich gegenseitig zu unterstützen. Die Zeit dafür ist reif ...

Unsere verschiedenen Rollen
in der materiellen Welt

Wir wissen, dass das materielle Leben uns gewisse Strukturen aufzwingt, die unser ursprünglich »ganzes, heiles« Wesen immer wieder limitieren. Unser »organischer Raumanzug« bringt dank seiner physischen Evolutionsgeschichte neben all den wunderbaren Entwicklungen nämlich auch so seine Tücken mit sich. So wird er stark von animalischen Trieben und von Instinkten gesteuert; er kann beeinträchtigt sein oder allerlei Blessuren erfahren. Darüber hinaus geht es vielen Menschen so, immer wieder die Erfahrung zu machen, offenbar zwangsläufig bestimmten Abläufen unterworfen zu sein. Dies alles führt dazu, dass wir zuweilen, wie hypnotisiert, blind gewissen Mustern folgen, die uns manchmal intensiv durchrütteln.

Jeder von uns durchläuft jede Menge Konflikte auf seinem Lebensweg. Umso schlimmer und unberechenbarer scheinen diese, wenn wir in einem eher unbewussten Modus unterwegs sind. Das führt nämlich in der Regel dazu, sich in allen möglichen Situationen nur als Opfer der jeweiligen Umstände zu empfinden. In diesem Bewusstsein verfallen wir leider meist noch intensiver in unsere vermeintlich logischen Verhaltensrollen.

Manchmal sind diese Rollen als solche ganz offensichtlich, manchmal wirken sie aber auch eher subtil. Während unseres Lebens können wir unsere Rollen bis zu einem gewissen Grad weiterentwickeln oder mit der Zeit verblassen lassen. Als inkarnierter Mensch darf ich einen Archetyp oder eine Rolle aktiv übernehmen, muss sie aber nicht konstant oder per se nur im negativen Sinne ausleben. Selbst eine solch heftige und manchmal beängstigende Rolle wie die des »Zerstörers« kann wahre Heilung bewirken, wenn durch ihn beispielsweise etwas anderes Destruktives, dem Leben Abträgliches ausgelöscht wird und anschließend sein Antagonist – etwa der Heiler oder der Helfer– zum Zuge kommt.

Damit du dir diese typischen Rollen oder Archetypen im Leben vergegenwärtigen kannst, liste ich jetzt einige von ihnen auf und nenne neben den positiven auch mögliche negative Attribute, die ich hier »Fallen« nenne. Weil wir uns im Spirit Move weiterentwickeln wollen, ist es von Vorteil, wenn wir unsere Verhaltensweisen und Muster besser verstehen lernen. So können wir diese Rollen langfristig nachhaltiger beeinflussen, damit uns ihre Energien zukünftig dienlich sein mögen.

Vorbemerkung: Beachte bitte, dass Menschen durch viel mehr als nur durch eine Rolle definiert sind, die sie zwar ein Stückweit dominieren kann, welche sie so aber trotzdem nie in Reinform verkörpern. Die Übergänge zwischen den einzelnen Rollen sind oft fließend. Auch sei noch angemerkt, dass ich in diesem Kontext bewusst nicht auf die Mann-Frau- oder Kind-Eltern-Rollen eingehe, ebenso wenig beziehe ich mich bei diesen Archetypen vorrangig auf das Berufsleben. Die Auswahl und Beschreibung der verschiedenen idealtypischen Charaktere basiert vor allem auf meiner eigenen Erfahrung und auf meinen Begegnungen in der täglichen Coaching-Praxis. Beachte bitte auch, dass sich eine Bezeichnung wie »der Arbeiter« nicht auf das Berufsleben beschränkt, sondern Eigenschaften in allen Bereichen des Lebens charakterisiert.

Der Arbeiter

- Die Qualität: Arbeiter sind meist ausdauernd und richten ihren Fokus auf das, was gerade geleistet werden muss. Arbeiter, die für sich, aber auch für andere in irgendeiner Form produktiv sind und durch ihre Leistung (mit physischer oder mentaler Kraft) einen Dienst an der Menschheit vollbringen, sind ein wichtiger »Kitt«, damit wir als Gemeinschaft zusammenhalten können. Sie stellen eine Art Motor dar, der dafür sorgt, dass die Grundstrukturen funktionieren und Bedürfnisse gestillt werden.
- Die Falle: Alles wird durch Leistung oder materiellen Erfolg definiert. Die Gefahr besteht, dass man die wahren Bedürfnisse nicht erkennt und sich zu viel zumutet. Übermäßige Leistung dient dazu, sich von etwas anderem, Wichtigem abzulenken, vor etwas zu flüchten oder Dinge zu verdrängen. Arbeiter tendieren dazu, sich manchmal nur als »Dienstleister« für andere zu betrachten, und erhalten oft nicht die Anerkennung oder Gegenleistung, die sie verdient hätten.

Der Heiler

- Die Qualität: Heiler sind Menschen, die die Fähigkeit haben, andere auf physischer oder mentaler, emotionaler oder energetischer Ebene zu stützen und/oder zu heilen. Sie tun dies im Großen wie auch im Kleinen, bewusst oder unbewusst. Praktiziertes Mitgefühl und Hilfsbereitschaft sind ihre hervorstechenden Eigenschaften.
- Die Falle: Heiler beginnen, nur noch »zu Heilendes« um sich herum zu sehen. Auch besteht die Gefahr, am Erwartungsdruck zu zerbrechen. Sie vergessen durch den

vermeintlichen Zwang, »alles und jeden heilen zu müssen«, oft sich selbst. Sie leiden mit anderen und verlieren sich darin, statt konstruktiv wirken zu können.

Der Helfer

- Die Qualität: Helfer besitzen die Gabe, andere in verschiedensten Situationen zu unterstützen. Es handelt sich um Menschen, die immer zur Stelle sind, wenn man sie braucht.
- Die Falle: Sie überstrapazieren ihre Kräfte, sodass sie dann oft keine Energie mehr für sich selbst haben, wenn eigene Arbeit anfällt. Sie werden ausgenutzt und laufen dann Gefahr, in die Opferrolle zu rutschen.

Der Puffer

- Die Qualität: Das sind Menschen, die sich gern zwischen zwei Fronten begeben, um im Konflikt einen Raum für Entspannung zu eröffnen. Sie können in heiklen Situationen intervenieren, sodass es nicht zur Eskalation kommt.
- Die Falle: Auch ungewollt kann man zwischen die Fronten geraten oder sich ungefragt dort aufhalten und dadurch die mögliche Auflösung durch die eigentlichen Kontrahenten selbst verhindern. Es besteht die Gefahr, sich selbst als Retter in der Situation zu wichtig zu nehmen oder eine notwendige Konfrontation zu verhindern.

Der Ausbalancierer

- Die Qualität: Ausbalancierer können in den unterschiedlichsten Situationen aktiv für Harmonie sorgen, diplomatisch einen Konsens in einer Konfliktsituation finden und das Vorankommen in vertrackten Situationen fördern.
- Die Falle: Es besteht die Gefahr des mehr oder weniger subtilen Energieverlusts durch das Gefühl, immer und in jedem Fall für Ausgleich bei den Problemen anderer sorgen zu müssen. Möglicherweise wird so durch die Aufweichung der Fronten und resultierender fauler Kompromisse auch verhindert, dass sich bei den Antagonisten notwendige Erkenntnisse einstellen.

Der Leader

- Die Qualität: Gute Führungspersonen sind jene sogenannten Alpha-Persönlichkeiten, die immer, auch in komplexen Situationen, den Überblick und die Kontrolle zum Wohle aller behalten. Dank ihrer vorausschauenden und motivierenden Kraft werden Projekte vorangetrieben und Menschen zusammengeführt.
- Die Falle: Ein ständiges Kontrollbedürfnis kann unweigerlich zum Energieverlust bis hin zum Burn-out und zur Beratungs- beziehungsweise Kritikresistenz führen.

Der Zerstörer (oder auch der Prüfer)

- Die Qualität: Im positiven Fall kann dieser aggressive Charakterzug dazu dienen, etwas Überkommenes oder Schädliches zu neutralisieren oder zu eliminieren und den Weg für etwas Neues frei zu machen.

- Die Falle: Unkontrollierte und stete Zerstörungswut verletzen und sorgen überall für Regression. Der Blick für Konstruktives, Lebens- und Erhaltenswertes geht verloren.

Der Erschaffer

- Die Qualität: Erschaffer besitzen die Fähigkeiten, Neues ins Leben zu rufen. Durch Kreativität und Einfallsreichtum machen sie auch etwas aus Situationen, in denen kaum etwas an »Rohmaterial« vorhanden zu sein scheint.
- Die Falle: Vor lauter Ideen können sie den Fokus verlieren und sich verzetteln. Sie fangen etwas an, ohne es zu Ende zu bringen. Nie sind sie mit dem zufrieden, was sie erschaffen haben, und suchen rastlos ständig nach Optimierungsmöglichkeiten, was letztlich mit dem Verlust der Lebenskraft einhergehen kann.

Der Retter

- Die Qualität: Das sind solche Menschen, die sich notfalls selbst in Gefahr begeben, um andere zu retten oder zu beschützen. Sie stellen das Wohl anderer oft über ihr eigenes, um der Gemeinschaft zu dienen, und haben etwas Edles in ihrer Haltung den Mitmenschen gegenüber.
- Die Falle: Immer wieder geraten sie in Situationen oder an Personen, die »gerettet werden müssen«. Die eigenen Bedürfnisse bleiben dabei auf der Strecke, und man läuft Gefahr, sich selbst zu verlieren.

Das Opfer

- Die Qualität: Der positive Aspekt dieses Archetyps ist, dass man sich in seiner Empfindlichkeit zeigen kann und anderen Mut macht, weil diese dann merken, dass sie mit ihren negativen Erlebnissen nicht allein sind, sondern dass es vielen Menschen ähnlich geht. Das hat schon eine tröstende Wirkung. Die Opferrolle erweckt Mitgefühl und Hilfsbereitschaft.
- Die Falle: Es besteht die Gefahr, das Opfer zu bleiben, auch wenn man es eigentlich längst nicht mehr ist. Weil etwas Schlimmes passiert ist, traut man sich nichts mehr zu und hat kein Selbstwertgefühl. Im extremsten Fall denkt man in jeder Konfrontation, dass alle anderen schuld sind und man selbst immer nur ihr Spielball ist. Man gibt jegliche Eigenverantwortung ab.

Der Täter

- Die Qualität: Der Täter ist derjenige, der andere durch sein Verhalten in Bewegung bringen kann und aufzeigt, was oder welche Erfahrung man im Leben nicht mehr haben möchte. Im besten Fall hilft er anderen, etwas bei sich zu bereinigen. Gegebenenfalls zeigt die Täterrolle die eigenen Schwachpunkte auf.
- Die Falle: Möglicherweise hält man sich selbst nur noch für schlecht und verliert den Glauben an das Gute. Man gerät in einen negativen Strudel falsch verstandener Gerechtigkeit und verliert Mitgefühl und Empathie.

Der Zuhörer

- Die Qualität: Man hat ein offenes Ohr für andere und
kann sie oft allein durch Zuhören schon heilen. Dank der
Empathie und des Interesses am Gegenüber steigt dessen
Selbstwertgefühl.
- Die Falle: Vor lauter Zuhören wird man selbst nicht mehr
gehört. Man hat Schwierigkeiten, öffentlich seine eigene
Meinung kundzutun. Man erleidet einen Energieverlust
infolge des ständigen »Er-Tragens« der Geschichten anderer. Es findet ein Rückzug aus Kontakten statt.

Der Selbstlose

- Die Qualität: Der Selbstlose ist immer für alle da und
nimmt ihre Bedürfnisse wahr, um auf sie einzugehen
und sie zu erfüllen. In seiner Gegenwart fühlt man sich
wahrgenommen und wertvoll.
- Die Falle: Die eigenen Bedürfnisse werden übersehen. Es
besteht die Gefahr, von anderen ausgenutzt zu werden.
Die Außenwelt übersieht die Bedürfnisse des Selbstlosen,
da dieser sie ja auch nicht wahrnimmt. Es droht der Verlust des Selbstwertgefühls.

Der Manipulierer

- Die Qualität: Andere Menschen oder Situationen kann
der Manipulierer so beeinflussen, dass eine Vorwärtsbe-
wegung in die richtige Richtung oder die Auflösung eines negativen Zustands ausgelöst wird.
- Die Falle: Menschen werden zu Handlungen bewegt, die
sie aus freien Stücken nicht ausführen würden. Durch

die Manipulation anderer befriedigt der Vertreter dieses Typus bei akutem Empathiemangel nur die eigenen Bedürfnisse.

Der Gleichgültige

- Die Qualität: Anderen lässt der Gleichgültige hinreichend Raum, selbst Entscheidungen zu treffen und in die Eigenverantwortung zu gehen. Dieser Charakter ist sehr anpassungsfähig.
- Die Falle: Man scheut die Verantwortung und veranlasst andere möglicherweise zu ebensolchem Verhalten. Wesentlichen Dingen und den Mitmenschen wird nicht mehr die gebührende Bedeutung zugemessen. Die Stimmung kann ins Depressive gleiten.

Der Egoist

- Die Qualität: Durch ihr Desinteresse an ihrem Umfeld bringen Egoisten andere Menschen oft dazu, sich um sich selbst zu sorgen und die eigenen Bedürfnisse besser zu erkennen.
- Die Falle: Der egoistische Typus hat eine verzerrte beziehungsweise gar keine Wahrnehmung der Bedürfnisse anderer und nimmt keine Rücksicht auf seine Umwelt, außer wenn es ihm selbst schadet. Er verletzt damit viele seiner Mitmenschen.

Je nachdem, woher wir stammen und was unsere Vorgeschichte in dieser und anderen Dimensionen ist, sind wir in den dargestellten Dynamiken eher gefangen oder eher frei. Wenn wir bereits einiges an Bewusstseinsarbeit geleistet haben, werden wir uns neutraler in unseren Rollen erkennen und Harmonie darin zu schaffen versuchen. Der wichtigste Schritt ist, ehrlich zu sich selbst zu sein und die eigene Rolle auch wirklich zu erkennen.

Menschen- und Seelenrolle

Neben verschiedenen Modellen der menschlichen Rollen gibt es auch die Vorstellung einer Seelenrolle. Dieses Konzept basiert auf der Annahme, dass wir als Seelen über eine längere Zeit, also über mehrere Inkarnationen, in unserer Entwicklung eine gewisse Hauptrolle übernehmen. Diese Seelenrollen werden manchmal hierarchisch oder zur Definition des »Seelenalters« herangezogen. Es geht dabei nicht um ein Alter nach Jahren, das ja nach irdischen Maßstäben bestimmt würde, sondern um das Entwicklungsalter der Seele. Die Spanne reicht von der sogenannten »Säuglings-« bis hin zur »alten Seele«.

Es werden meist vor allem folgende Rollen unterschieden: der Krieger, der König, der Heiler, der Künstler, der Gelehrte, der Weise oder der Priester. Meine Vorstellung geht über solche vermenschlichten Konstrukte hinaus. Denn diese Bezeichnungen sind durch unsere aktuelle Art des Denkens, der Geschichte und des gesellschaftlichen Hintergrunds limitiert. In einer interdimensionalen Welt gibt es weitaus differenziertere und komplexere Seelenrollen, die sich unserem Verstand großenteils gar nicht erst erschließen.

Bei der begrifflichen Definition des Seelenalters in einer weithin verständlichen Form habe ich folglich so meine Mühe. Wenn wir davon ausgingen, dass wir als Seelen nur hier auf der Erde inkarnierten, dann könnten wir eher von einem allgemein nachvollziehbaren Seelenalter sprechen. Wenn nun eine Seele aber anderen»orts« unter ganz anderen Bedingungen und Bezugssystemen, in denen beispielsweise die Zeit eine völlig andere Rolle spielt als bei uns oder vielleicht sogar gar keine, mehrere Reisezyklen (»Inkarnationen«) gemacht hat und dann hierher inkarniert, benötigt sie mitunter wieder viele Zyklen, bis sie sich unserer Bewusstseinsebene angepasst hat. Es kann dann durchaus sein, dass diese Seele durch ihr Verhalten »jung« erscheint, dies aber in Wirklichkeit gar nicht zutrifft. Dabei ist im Übrigen schon das Wort »Inkarnation«, »Fleischwerdung«, für die Wiederkehr in anderen Dimensionen nicht zwangsläufig wörtlich zu verstehen ...

Die genannten Lebensrollen sind etwas anderes als die Seelenrollen. Es sind Rollen, welche wir hier auf Erden bewusst steuern und ändern könnten. Seelenrollen hingegen scheinen über mehrere Zyklen hinweg an uns zu haften und wollen auf eine generelle Seelenentwicklung hindeuten. Die Lebensrollen dienen aber ebenfalls unserem Vorankommen. Nichts, was in diesem Prozess des Lebens geschieht, ist oder wird »verschwendet«. Alles, was wir durchlaufen, ist Teil einer persönlichen, globalen wie auch interdimensionalen Entwicklung.

Wenn wir zum Beispiel in der jetzigen Inkarnation scheinbar in der Opferrolle feststecken, dann haben wir die Möglichkeit, diese Rolle in Richtung der Heiler- oder auch der Erschafferrolle zu verändern. Durch die Erfahrung der Opfersituation erhalten wir die Chance, die Fähigkeit des Mitgefühls zu entwickeln. Oder aber wir werden so dazu gezwungen, unser Leben neu zu gestalten, und entwickeln dadurch die Fähigkeit des Erschaffens. Eine Leiderfahrung macht uns oft fähig, andere Menschen in ihrer Not besser verstehen zu können und entsprechend nicht nur tröstende, sondern auch konkret helfende Worte zu finden und Unterstützung zu leisten. Denn man hat dann ja eine Notsituation bereits überstanden und eigene Lösungswege gefunden, um aus dieser Situation herauszukommen.

In den meisten Fällen werden wir nach der Opferrolle das Bedürfnis haben, unser Leben zu verändern, und dabei nutzen wir unsere Schöpferkraft. Dies wirkt sich meist nicht nur auf uns aus, sondern auch auf unser Umfeld. Es kann inspirierend auf andere wirken, manchmal schürt es jedoch auch Ängste im Umfeld. Denn wenn wir beginnen, bei uns aufzuräumen, wirbeln wir nicht selten alten Staub auf, wovon dann auch andere Menschen betroffen sein können.

Oder wir regeln Verantwortungsverhältnisse neu, was ebenfalls einen ungewollten Schwung oder eine Veränderung bei uns nahestehenden Personen auslösen kann.

Das Unvorteilhafteste, was uns selbst passieren mag, ist, wenn wir in der Leiderfahrung und der Opferrolle verharren »wollen«. In solch einem Fall können wir den Hang zum destruktiven Zerstören entwickeln, und dies nicht nur durch Selbstsabotage in unserem eigenen Leben, sondern auch im Leben anderer. Es liegt also an uns, aus solchen Konstellationen verantwortungsbewusst herauszuwachsen.

Die Lebensrollen, die wir im Alltag einnehmen, müssen uns nämlich nicht gezwungenermaßen ständig dominieren. Es ist hilfreich, sein eigenes, manchmal subtiles Rollenverhalten erst einmal zu erkennen, damit man gegebenenfalls nicht unbewusst von einem Drama in das nächste schlittert. Wenn wir unser Verhalten erkennen, können wir beginnen, es zu verstehen und zunächst einmal zu akzeptieren. Ja, akzeptieren. Denn wenn ich etwas nicht wahrhaben will, dann kann es durchaus so weit kommen, dass es mich erst recht dominiert. Im nächsten Schritt kann ich beginnen, die Rolle zu modifizieren beziehungsweise schließlich zu überwinden. Das ist besser, als ständig an ihr vorbeizuschauen, weil sie dir unangenehm ist.

Wie gesagt, jemand ist nicht grundsätzlich ein schlechter Mensch, wenn er durch die extreme Rolle des Zerstörers wirkt. Denn gezielte Zerstörung kann durchaus auch etwas sehr Gutes bewirken oder ist in vielen Fällen sogar erforderlich, da sie möglicherweise eine falsche Grundlage, auf der man stand (Partnerschaft, Job und so weiter), so verändert, dass man gezwungen wird, etwas Neues, Besseres entstehen zu lassen.

Erinnern wir uns noch einmal an das Bild des Phönix und daran, dass er komplett verbrannt wird und eine Wiederauferstehung erlebt. Oft verharren wir zu lange in Situationen, die uns schaden oder die nicht unserem Lebensplan entsprechen. In manchen Fällen werden wir dann wie durch Zauberhand von einem Zerstörer heimgesucht, der uns hilft, unser Leben neu auszurichten. Wenn etwas trotz der Zerstörung überlebt, dann war es in der Regel wichtig genug, um in unserem Leben, zumindest für diese Phase, bleiben zu können. In solch einem Fall hat der Zerstörer vermutlich als Prüfstein für eine Situation gedient.

Sicherheitshalber möchte ich an dieser Stelle aber darauf hinweisen, dass die Terminologie des Zerstörers symbolisch zu verstehen ist. Sie soll also keineswegs nicht zu rechtfertigende Gewalt legitimieren oder gar verherrlichen.

Es geht für uns alle darum, immer mehr zu erkennen und zu fühlen, dass es bei der ganzen Mühe, die wir uns in dieser Inkarnation machen, immer um das Miteinander geht. Denn in den meisten herausfordernden Situationen fühlen wir uns isoliert voneinander, obwohl wir uns genau in diesen Momenten besonders nah und miteinander in Interaktion sind, wenn auch auf einer unterbewussten Ebene. Wie im Beispiel des Zerstörers und des Opfers: Der Täter, der gleichzeitig auch Zerstörer meiner Kindheit war, hat mir langfristig ein neues Leben geschenkt. Er hatte natürlich nicht diese Absicht, und die Verantwortung für sein unmoralisches Handeln kann kein anderer für ihn tragen, aus welchem Grund auch immer er so geworden ist, wie er war. Ich hätte auch an alldem zerbrechen können. Resilienz erwächst nicht zwangsläufig aus Leiderfahrungen. Rückblickend sehe ich es aber so, dass ich ohne ihn sicher nicht die geworden wäre, die ich heute bin. Ich habe mittlerweile viele wundersame Dinge erleben dürfen, die weit über meine damaligen Erwartungen und sogar den menschlichen Verstand hinausgehen, und werde für diese neuen Prägungen in der Phase nach meiner »Wiederauferstehung« und Neuausrichtung immer dankbar sein.

Du bist jetzt hier, und das ist gut so. Während deiner Reise auf Erden hast du viele Aufgaben, und diese Aufgaben führen dazu, dass du viele und wichtige Entscheidungen und Erfahrungen für dich sammeln kannst. Diese Erlebnisse sind essenziell für uns alle. Denn du beschäftigst dich in all deinen Rollen nicht nur mit dir selbst, sondern interagierst auch mit deiner Umwelt und den Rollen anderer.

Alles, was du tust, ist wichtig, wenn auch nicht immer einfach oder angenehm. Auch wenn wir in eine Rolle gepresst sind, bedeutet das nicht, dass dies ein Freifahrtschein wäre, der es uns immer erlaubt, zum Beispiel als Zerstörer zu agieren, ohne Konsequenzen befürchten zu müssen. Denn früher oder später, spätestens dann, wenn die irdische Reise beendet ist und wir in die Geistige Welt zurückkehren, wird ein Resümee unseres Lebens gezogen. Es gibt sicher keine Strafe »Gottes«, die uns an der Himmelspforte erwartet, aber doch eine Konfrontation mit dem, was wir für uns und für andere getan oder nicht getan haben.

Jede deiner Erfahrungen auf Erden speist das kollektive Bewusstsein in der Geistigen Welt und wird Teil der menschlichen Bewusstseinserfahrung.

Eine weitere Aufgabe deines Hierseins besteht darin, die gesamte Materie des physischen Universums mit zu beeinflussen, und dies allein dadurch, dass du in der Materie inkarniert bist. Dadurch, dass deine Seele in diesem »organischen Raumanzug« steckt, spendet sie der Materie Lebensenergie und transformiert sie langfristig. Das Universum wurde geschaffen, um uns eine einzigartige Erfahrung zu ermöglichen. Es existiert, weil es von uns energetisch gespeist wird. Jahrmillion für Jahrmillion. Ein langsamer, aber steter Transformationsprozess, der, je länger er andauert, synergistisch beschleunigt wird und somit exponentiell, nicht linear voranschreitet. Stark vereinfacht ausgedrückt, verhält es sich so ähnlich wie bei der Entwicklung von Transistoren gemäß dem mooreschen Gesetz, das besagt, dass sich die Komplexität integrierter Schaltkreise regelmäßig verdoppelt, etwa alle achtzehn Monate. Diese Aussage wurde bereits in den Sechzigerjahren getroffen.

Da wir selbst der Materie unterworfen sind, trifft diese Idee auch auf uns zu. Mit anderen Worten: Wir dürfen uns in der aktuellen Entwicklung auf etwas freuen, nämlich darauf, dass wir in dieser Zeitqualität um einiges schneller vorankommen können als noch wenige Jahre zuvor, wenn wir nun unser Bewusstsein »anstoßen«.

Die Fähigkeiten unseres mehrdimensionalen Geistes

Wir verfügen über ein mehrdimensionales Bewusstsein mit einem nahezu unerschöpflichen Potenzial. Da wir aber in diesem materiellen Universum auf dem Planeten Erde gelandet sind, leben wir, vereinfacht ausgedrückt, in einer limitierten »drei-plus-eindimensionalen« Vorstellung unserer selbst: innerhalb des physischen Raums von Länge, Breite und Höhe sowie der Zeit. Dies wird mir immer wieder bewusst, wenn ich Menschen in ihrem Alltag beobachte. Sie lassen sich im großen Trott treiben und orientieren sich an den offenkundigen Gegebenheiten, zu deren Wahrnehmung sie konditioniert wurden, ohne dabei ihre Seelenkraft zu erkennen, zu erkunden, geschweige denn zu nutzen. Die meisten haben es sich in diesen Modalitäten denn auch gemütlich eingerichtet, um ein weitgehend überschaubares Dasein fristen zu können. Die unbequeme Wahrheit ist jedoch, dass wir auch als Individuen langfristig nur dann wirklich umfassend und unserem Potenzial gemäß glücklich sind, wenn wir uns aus einer weitsichtigeren Perspektive beobachten.

Nun gibt es manche Menschen, die aus ebendiesem Grund ein Leben in »Einsamkeit« wählen, weil sie sich davon ein »gutes, richtiges Leben« und ein wenig Erleuchtung erhoffen. Die Frage, die sich mir da immer stellt, lautet: Was für eine Form von Erleuchtung soll das sein, und ist sie wirklich erstrebenswert, um unserem mehrdimensionalen Geist auf der Erde gerecht zu werden? Manch einer sucht das Einsiedlertum ja auch nur, weil er schlichtweg genug vom Trubel und von den Anforderungen der Gesellschaft hat. Es kann vielleicht eine Zeit lang sinnvoll sein, nur ist es langfristig betrachtet der Sinn der Erfahrung unseres Bewusstseins?

Wie soll ich gemeinsam mit anderen wirken, wenn ich am liebsten losgelöst von allem bin? Viele beschreiben das Erleuchtetsein in etwa so: Man ist losgelöst von der persönlichen Identifikation und somit auch den Emotionen. Die Emotionen existieren noch, sie haben aber keinen Effekt mehr auf unser Bewusstsein und belasten uns somit weniger. Wir agieren dann neutraler und nicht wie so viele polar und reaktiv.

Der mehrdimensionale Geist könnte noch viel tiefer erforscht werden, als wir es bis jetzt getan haben. Wenn wir es täten, dann würde der Menschheit langsam, aber stetig das wahre Ausmaß ihrer eigenen Fähigkeiten bewusst. Denn wer sich schon mal mit seinen paranormalen Fähigkeiten wie der Wahrnehmung über die Hellsinne oder der Fähigkeit des geistigen Heilens auseinandergesetzt hat, erkennt bereits einen wichtigen Teil dieses spektakulären Potenzials. Ähnlich wie die meisten, die eine Nahtoderfahrung (viele erleben danach eine spirituelle Wiedergeburt) erfahren haben. Wenn wir wollten, und einige tun dies sicher bereits, hätten wir die Fähigkeit, alles bewusst im energetischen oder nicht materiellen Modus wahrzunehmen und Dinge in und um uns herum durch Gedankenkraft und Energie zu verändern. Wir könnten sprichwörtlich allein durch unsere Bewusstseinskraft der Gravitation trotzen und ohne Hilfsmittel über dem Boden schweben.

In der Geschichte des Spiritismus behaupteten ja schon einige, das sei ihnen bereits gelungen, zum Beispiel das walisische Medium Colin Evans. Er ist, soweit ich weiß, der Einzige, der von seiner eigenen Levitation im Jahr 1937 ein Foto aufgenommen hat. Man sieht ihn darauf inmitten eines Saales voller Menschen, wie er im Raum über seinem Stuhl zu schweben scheint. In einer Hand der Auslöser für den Fotoapparat, den er selbst in dem Moment ausgelöst hat, als er levitierte. Kritiker haben dann herausgefunden, dass er geschummelt habe. Denn anhand der verschwommenen Abbildung seiner Füße beziehungsweise Unterbeine sei es offensichtlich, dass er schlichtweg nur hochgesprungen sei. Denn sonst wäre dieser Bereich ebenfalls scharf und abgelichtet worden. Dem schottischen Spiritisten Daniel Dunglas Home konnte im 19. Jahrhundert allerdings nie ein Betrug nachgewiesen werden, als er mit Schwebe- und Flugvorführungen Aufsehen erregte, die er angeblich mit der Hilfe von Geistern zuwegebrachte.

Levitation

Unter einer Levitation versteht man eine Form der Psychokinese (Bewegung durch Gedankenkraft), die es erlaubt, ohne Hilfsmittel zu schweben. Davon ist in der christlichen und buddhistischen Tradition die Rede, aber vor allem auch in der Parapsychologie (vom lateinischen Wort levitas für »Leichtigkeit«).

So weit diese Anekdoten. Wir müssen uns wohl noch ein wenig in Geduld üben, bis wir selbst an dem Punkt sind, die Gravitation quasi auf »geistigen Knopfdruck« hin zu überlisten. Dennoch habe ich schon das freie Schweben eines Gegenstandes im Raum, unter anderem von schweren, großen Tischen, mit eigenen Augen gesehen, und zwar unter Bedingungen, bei denen es sich keineswegs um eine

Show oder dergleichen handelte. Daher weiß ich nur allzu gut, dass diese Phänomene durchaus bereits in unserem aktuellen Entwicklungszustand möglich sind.

Es ist ähnlich wie bei bestimmten Sinnen, von denen uns natürlicherweise bisher nur ein Teil des Spektrums zugänglich ist. Vögeln zum Beispiel erscheint die Welt auf ganz andere Weise bunt als uns, weil sie auch ultraviolettes Licht sehen können. Außerdem verarbeiten sie weitaus mehr Bilder pro Sekunde als wir, sodass sie Filme nicht wie wir als fließende Bewegung, sondern als Flackern wahrnehmen. Oder Hunde: Sie hören sehr hohe Frequenzen, die für uns nicht mehr wahrnehmbar sind. Außerdem besitzen sie zehnmal mehr Riechzellen als der Mensch. All das ist real, für den Menschen aber nicht »freigeschaltet«. Unsere »Ausrüstung« hat theoretisch jedoch ein viel größeres Potenzial. Wir bräuchten es nur zuzulassen und würden uns damit den Raum für diese Entwicklung schaffen.

Man mag sich natürlich fragen, ob es für uns im Alltag nützlich wäre, etwa UV-Strahlen sehen zu können. Darum geht es aber nicht. Es wäre einfach ein großer Fortschritt, die Schöpfung und somit auch die Menschen um uns herum nicht nur aus unserem Verstand oder Herzen heraus zu betrachten, sondern mit unserem gesamten Wahrnehmungsspektrum fühlen zu können. Wenn wir merkten, was sie brauchen, wenn sie merkten, was wir brauchen … Wenn wir lernten, unseren Körper allein durch Gedankenkraft zu heilen und zu regenerieren, das wäre doch schon sehr erstrebenswert! Dies hätte nicht nur einen positiven Effekt auf unsere Erde, sondern auf das gesamte Universum mit allen Sternen, Planeten und Galaxien darin. Es könnte sogar parallele Welten beeinflussen wie zum Beispiel die geistige, in die wir eintauchen werden, nachdem unser physischer

Körper gestorben ist. Die Energie, die wir über unser Bewusstsein durch den physischen Köper in den Äther beziehungsweise das feinenergetische gestaltbildende (morphogenetische) Feld speisen (dazu später mehr), durchdringt so ziemlich alles. Daher ist der Gedanke auch folgerichtig, dass wir dadurch überall, zumindest subtil, einen energetischen »Fußabdruck« hinterlassen, vergleichbar dem ökologischen Fußabdruck, der die Welt nachhaltig beeinflusst.

Je nachdem, welche Erfahrung unsere Seele im materiellen Universum machen will oder vielleicht auch soll, inkarnieren wir an unterschiedlichen Orten. Hier auf Erden ist es zumeist so, dass wir als Kinder einen noch natürlichen Zugang zu unserer Wahrnehmung und einen fast ungefilterten Zugang zu unseren inneren Sinnen, den Hellsinnen, besitzen. Die Problematik besteht nun darin, dass uns durch die anerzogenen gesellschaftlichen Normen jedoch viele Filter übergestreift werden. Als wäre die emotionale Herausforderung unserer Bedürfnisse nicht schon groß genug, müssen wir auch noch sozialem Druck nachgeben. Das Ungleichgewicht unserer aktuellen Welt und der Kampf um Ressourcen im Großen wie im Kleinen ist ein weiterer Faktor, der uns von der Bewusstseinsentwicklung ablenken kann. Oft beginnen Menschen erst dann, wenn sie gar nichts mehr besitzen und somit auch nichts mehr zu verlieren haben, sich zu wehren oder sich ein neues gemeinwohlorientiertes System einzufordern.

Mit einer solchen globalen Veränderung könnten wir jedoch schon früher durchstarten. Und wenn immer mehr Menschen in unserem Umkreis beginnen würden, ihr materiell-spirituelles Gleichgewicht zu suchen und daran zu arbeiten, wäre dies schon mal ein wichtiger Beitrag zum

Fortschritt, der letzten Endes allen zugutekommt. Ein Leben, in dem sinnvolle ökologisch vertretbare Technik, materieller Wohlstand und Spiritualität miteinander Hand in Hand gehen, ist eine Vision für unsere Zukunft, die wir jetzt verstärkt visualisieren sollten. Schritt für Schritt zeigt uns dann unser wachsendes Bewusstsein das auf, was jeweils als Nächstes ansteht, damit wir in dieser für uns alle positiven Richtung weiter voranschreiten.

Dass Spiritualität und Wissenschaft sich nicht ausschließen, war früheren Akademikern wie dem Psychiater C. G. Jung oder dem Wissenschaftler, Mystiker und Theosophen Emanuel Swedenborg noch durchaus gegenwärtig. Wenn wir heute in akademische Gesellschaften blicken, scheint davon zumindest offiziell kaum mehr etwas übrig geblieben zu sein. Daher ist es für mich immer wieder eine absolute Wohltat, dass ich Freunde und viele Klienten in meinem Kreis empfangen darf, die aus ebendiesen akademischen Bereichen stammen und durchaus ein hohes Bewusstsein für Spiritualität und Paranormalität besitzen. Ärzte, Psychologen, Theologen oder Großunternehmer, die zumindest in meiner Gesellschaft eine bahnbrechende Offenheit und einen bald nicht mehr zu bändigenden Tatendrang aufbringen, um die Welt in Richtung »Himmel auf Erden« zu verändern. Diese Menschen haben verstanden, dass wir durch unser Bewusstsein Magisches vollbringen können und dass es an der Zeit ist, die in uns schlummernden Fähigkeiten zu erforschen, die vor allem auch dem Allgemeinwohl dienen sollen.

Unser interdimensionaler Geist ermöglicht es uns, dass wir uns nicht nur durch unser Gehirn, sondern auch über den physischen Körper hinaus erfahren können. Wir können beispielsweise, wenn wir wollen, jeden Menschen auf der Welt wahrnehmen, egal, wie viele Kilometer zwischen uns liegen. Besonders eindrücklich wird dies, wenn wir eine sogenannte Astralreise unternehmen. Während dieser außerkörperlichen Erfahrung (AKE) oder auf Englisch out-of-body experience (OBE) befindet sich der physische Körper im Schlafmodus, während der Geist wach bleibt. In einem weiteren Schritt verlässt der Geist den Körper und kann sich entweder hier im materiellen Universum aufhalten oder in parallele Welten reisen.

Um selbst ein solches extrakorporales Erlebnis zu haben beziehungsweise eine Reise auf der Astralebene zu unternehmen, kannst du sie in einem geschützten und kontrollierten Rahmen durch Visualisierungen selbst hervorrufen. Dies solltest du unter Anleitung einer kundigen Person tun. Spätestens dann, wenn wir solche außergewöhnlichen Erfahrungen gemacht haben, verfügen wir über einen persönlichen Beweis dafür, dass es sie gibt, die anderen Welten. Wir wissen dann auch aus eigener Anschauung, dass unser Geist mehrdimensional ist.

In vielen Fällen können wir unsere Hellsinne nicht mit dem Verstand erklären, wir können sie aber auf beeindruckende Weise erfahren. Zum Beispiel auch dann, wenn wir Vorahnungen beziehungsweise prophetische Informationen erhalten. Die meisten Menschen, denen ich in meiner Praxis begegnet bin, eröffneten mir, manchmal auch hinter vorgehaltener Hand, dass sie schon Vorahnungen hatten, die weit über das hinausgingen, was landläufig als natürlicher Instinkt angesehen wird. Wenn wir unsere sensitive Fähigkeit nutzen, dann spüren wir, ob ein Raum beseelt ist oder nicht. Wir fühlen ja schon so manchmal, ohne es mit den Augen zu sehen, wenn uns beispielsweise jemand im Bus ansieht. Man nennt das auch »den sechsten Sinn« oder den »gespürten Sinn im Nacken«. Wir haben einen weiteren Sensor, der uns bewusst oder unbewusst konstant über unsere energetischen Körper Impulse aus dem Außen übermittelt. Dies könnten wir so weit kultivieren, dass wir dieses Werkzeug für den nonverbalen Austausch, also die Telepathie oder Gedankenübertragung, nutzen könnten und vieles andere mehr. Wenn der Mensch sich selbst erkennt, dann verändert sich auch die Welt um ihn herum.

Alles, was uns umgibt und durchdringt, alles, was wir sind, besteht zu einem winzigsten Teil aus Materie und zu einem viel größeren aus Energie. Auch wenn wir es mit unseren Sinnen als kompakte Materie wahrnehmen. Diese Grundkenntnisse aus der Atomphysik haben immer noch keine gebührende Berücksichtigung in unseren allgemeinen Überlegungen gefunden. Wenn wir uns in den kommenden Jahren ein wenig mehr auf die Energie konzentrierten, dann könnten wir den physischen Raum um uns herum und somit die Lebensbedingungen aller drastisch zum Positiven hin verändern.

Langfristig werden wir durch die Erfahrungen als Gesellschaft hier auf Erden ein tieferes Verständnis für uns als Menschen in einer mehrdimensionalen Welt erkennen. Es gab bereits enorme Fortschritte, auch wenn das Gros der Gesellschaft es vor allem öffentlich nicht wahrhaben oder ernst nehmen will. Solange diejenigen, die es in sich spüren, weiter- und nach außen tragen, sind wir auf einem guten Weg zu mehr Wahrhaftigkeit und Zufriedenheit.

Erlaube dir zu sein.

≋ Kurze Befreiungsübung »für zwischendurch«

Manchmal scheint es mir, als ob unser »organischer Raumanzug«, der Körper, etwas zu eng geschneidert wurde. Es mag sein, dass wir das nur dann spüren, wenn wir erkennen, dass wir eigentlich zu mehr fähig wären, diese Fähigkeit in uns aber irgendwie noch nicht freigeschaltet wurde.

Wenn mir das passiert, ich mich also zu eingeengt fühle, dann setze ich mich bewusst hin und lasse meinen Fokus sozusagen in mich hineinsinken.

Ich beginne dann, das Kribbeln, den Energiefluss, in meinem Körper wahrzunehmen, und mit der Zeit fühle ich die Energie, wie sie aus dem physischen Körper hinausfließt.

Wie eine Art Strahlen von innen nach außen, über den »Anzug« hinaus. Dieser Moment ermöglicht es mir, freier zu atmen und das Gefühl scheinbarer Enge zu überlisten.

Gleichzeitig macht es mich aufmerksamer für die Dinge um mich herum, was wiederum hilft, mehr Bewusstsein zu entwickeln und Ruhe walten zu lassen.

Probier's doch einfach mal aus.

Hilfe aus dem kollektiven Bewusstsein

Gemeinhin versteht man das kollektive Bewusstsein wie gesagt als einen Zusammenschluss vieler »ehemaliger« Individualseelen. Es ist ein Bewusstsein aller Seelen, das allerdings auch uns aktuell inkarnierte »Erdenmenschen« einschließt. In einer interdimensionalen Welt ist es absolut möglich, dass wir als Individuen hier auf Erden (oder sonst wo) existieren und zugleich Teil eines Kollektivs in einer anderen Dimension sind. Diese Intelligenz ist, soweit ich das bis jetzt verstanden habe, diejenige, die mit unserem Lebensplan beziehungsweise unserem Schicksal gekoppelt ist und dafür sorgt, dass »alles nach Plan läuft«.

Hier auf der Erde sind wir vorrangig als individuelle und unabhängige Seelen unterwegs. Für unsere Entwicklung ist dies in der jetzigen Phase eine wichtige und auch einzigartige Möglichkeit und Erfahrung. Sobald ich aus meiner Sue-Dhaibi-Perspektive erzähle, kann es sein, dass ich die Tendenz habe, das Kollektiv als etwas von mir Abgetrenntes oder über mir Stehendes zu empfinden. Das ist hilfreich, wenn ich fühlen will, was meine persönliche Meinung zu etwas ist und welches die Meinung des höheren Bewusstseins. Ich darf mich vom Großen und Ganzen in meiner Meinungsbildung durchaus inspirieren und leiten lassen, bleibe aber weiterhin in meinen Handlungen und trage die Konsequenzen als Individuum. Zumindest fühlt sich das so an. Ein wichtiger Grund, warum es ganz gut ist, sich des Kollektivs und seines möglichen Einflusses auf uns bewusst zu werden, ist jedoch, dass es uns »neutrale« Hinweise und Hilfestellung für unser Leben liefern kann.

Dein höheres Bewusstsein ist ein aktiver Teil des kollektiven Bewusstseins. Es stellt eine Art Bindeglied zwischen deinem inkarnierten Wachbewusstsein und dem kollektiven Bewusstsein dar. Es ist neutral, weil es nicht aus einer Perspektive beeinflusst wird; es ist immer wach und hat die Aufgabe, dich, auch wenn du es nicht immer bewusst wahrnimmst, zu inspirieren und zu leiten. Es ist derjenige Teil in dir, der in dir Impulse freisetzt, um dich vor etwas zu warnen oder zu etwas zu ermutigen. Manche würden in diesem Kontext auch sagen, das sei doch das »Bauchgefühl«. Diese Bereiche würde ich jedoch nicht so strikt voneinander trennen. Dein Bauchgefühl geht in Resonanz zu den Impulsen deines höheren Bewusstseins und dient als dessen Ausdrucksform.

Dein Bewusstsein ist unerschöpflich und unermüdlich, dein Körper hinkt dem jedoch manchmal ein wenig hinterher. Das lassen wir aber gelten, es ist ja nicht so, als ob er nichts täte ...

Um durch deine Entwicklungsschritte im Spirit Move voranzukommen, ist deine Erlaubnis zur Bewusstwerdung des höheren und somit auch des kollektiven Bewusstseins essenziell. Suche nach diesem Teil in dir, und wenn du diese Anbindung gefunden hast, wirst du merken, dass sie dich weiter, höher und schneller in deinem Leben voranbringt als vielleicht vieles andere. Dazu ist nur nötig, dass du dich an einem ungestörten Platz hinsetzt und deinen mentalen Fokus auf diesen Teil in dir ausrichtest, etwa wie in der soeben beschriebenen Befreiungsübung. Schon bist du mit ihm verbunden, denn das höhere Bewusstsein ist ja bereits in dir. Der bewusstere Zugang zu diesem wichtigen Kern spendet dir Lebenskraft und bedingungslose Liebe für dich selbst und auch für andere.

Ob du nun deinen Kern in deiner Brust, deinem Bauch oder deinem Kopf wahrzunehmen glaubst, spielt dabei gar keine Rolle. Denn dieser Kern ist energetischer Natur und nicht an ein Organ gebunden. Schon allein dadurch, dass du dieses Buch lesen möchtest, hast du dich offensichtlich um eine Bewusstseinsveränderung bemüht und die Grundlage geschaffen, weiter in dieser wundervollen Entwicklung voranzuschreiten.

Gleich, welche der oben beschriebenen menschlichen Rollen in dir dominiert, ob es mehrere sind oder auch eine ganz andere als die vorgestellten ist: Du wirst es schaffen, mithilfe dieses inneren Kerns alles zu meistern und alles zu überleben, ohne dass das Erlebte dir »für immer« schadet oder dich »ewig« blockieren muss. Nicht zu vergessen: Ein wahrhaftiger Spirit Move verlangt auch, dass er durch dich global stattfinden kann. Denn die Hoffnung ist, dich als Teil des Ganzen und nicht nur als Individuum zu sehen.

Das mag jetzt als etwas viel auf einmal klingen, es ist aber sehr wohl wichtig, dies von Beginn an im Auge zu behalten, weil es nicht nur um dich allein, sondern um uns alle geht. Versteh mich aber auch nicht so, als ob es darum ginge, dass du von nun an immer und überall die Verantwortung für alle anderen übernehmen solltest. Ganz und gar nicht! Jeder darf und sollte die Verantwortung für sich und seine persönliche Entwicklung und Entscheidungen selbst tragen. Die Balance zwischen dem Dir und dem Uns ist jedoch wichtig.

Das Kollektiv, so zeigt es uns auch die materielle globale Entwicklung, fordert nun ein gemeinsames gesundes und spirituelles Wachstum. Jedes Mal, wenn ich durch das kollektive Bewusstsein von solchen Gedanken durchflutet werde, erhalte ich eine wahre Glücksvision unserer Zukunft, obwohl der kleine Skeptiker in mir dann argwöhnt, ob dies nicht ein Vorwand sein könnte, mich selbstlos zu verhalten und meine eigenen Interessen hintanzustellen. Doch selbst wenn ich die Verwirklichung dieser Vision auf der Erde vielleicht nicht mehr persönlich erfahren werde, können andere davon profitieren. Und das ist für mich Anreiz genug und macht mich auch im Hier und Jetzt glücklicher.

Nonverbaler Austausch
und Beeinflussung

Wie gesagt, nimmst du deine Umwelt – ganz unabhängig davon, wie sensibel oder sensitiv du dich selbst einstufen würdest – durch einen subtilen, nicht physisch hervorgerufenen, nonverbalen Austausch wahr. Dieses Aussenden und Empfangen energetischer Informationsimpulse stellt eine Art unbewusste Kommunikation dar, die so stark auf dich einwirken kann, dass du manchmal auf eine bestimmte Weise inter- und reagierst, obwohl du es vielleicht gar nicht willst. Mal im positiven, mal im negativen Sinne.

Diese Art von Austausch kann man ganz gezielt trainieren, erleben oder auch blockieren. Da ich sehr viel Zeit damit verbringe, Menschen eine breite Ausbildungsplattform anzubieten, habe ich schon viele Jahre wundervolle Bewusstseinsentfaltungen bei anderen erfahren dürfen. Manchmal reicht ein Buch als Anstoß, manchmal ein Gespräch, und manchmal wollen wir ganz tief in diese »Materie« eintauchen. Der Moment, in dem sich die Teilnehmer bewusst auf diesen nicht physischen Austausch an Informationen einlassen, erhalten sie bereits innerhalb kürzester Zeit eindrückliche Impulse und überprüfbare Ergebnisse. Manchmal verspüren sie bei einfachen Übungen sogar körperliche Reaktionen, weil der Körper durch dieses Training ebenfalls in seiner Struktur Anpassungen erfährt.

Zu Beginn eines solchen Trainings trauen viele ihren Eingebungen noch nicht, denn sie denken, dass alles nur Einbildung oder Folgen analytischer Verstandeskonstrukte sein könnte. Es mag sein, dass wir zuerst noch zu verkopft an die Sache herangehen. Falls wir uns aber trotzdem voll und ganz auf ein solches Experiment einlassen, entwickelt

sich daraus etwas Faszinierendes: Wenn unsere Augen verbunden sind, wir vielleicht noch hören mögen, dass sich
jemand vor uns gesetzt hat, aber die Person nicht sehen
können, bleibt uns ja nichts anderes, als nach innen zu
schauen und zu fühlen. Dann beginnen wir automatisch,
das Gegenüber mit unseren »energetischen Fühlern« abzutasten und über unsere Hellsinne zu analysieren. Der non-
verbale Austausch bringt uns dann sehr schnell Hinweise,
zum Beispiel können wir bald erfühlen, ob der Mensch vor
uns eine dominante oder eher sanfte Ausstrahlung hat. Wir
beginnen, ihn sensitiv abzutasten, und erkennen schnell,
ob wir dem Charakter oder Typ ähnlich oder unähnlich
sind.

Je länger und je öfter wir mit unterschiedlichen Personen
auf diese Weise üben, merken wir auch im Alltag, wie unsere inneren Sensoren unsere Gegenüber schneller ganzheitlich wahrnehmen und einschätzen können. Das wird
natürlich besonders relevant bei der Partnerwahl, egal ob
im romantischen oder geschäftlichen Sinne. Denn wie oft
versuchen wir vor allem beim Kennenlernen, uns gegenseitig zu beeindrucken oder gar zu täuschen? Viele wollen nur
ein ganz bestimmtes Bild oder einen Teil von sich zeigen,
um die bestmöglichen Chancen zu haben oder einfach nur
gut dazustehen. Wie oft wurden wir bereits selbst Opfer
einer solchen Täuschung? Rückblickend müssen wir uns
dann manchmal eingestehen, dass wir unbewusst schon
ein unterschwelliges Gefühl in uns wahrgenommen hatten, dass etwas mit der Situation oder dem jeweiligen Menschen nicht ganz stimmig war. Unser Kopf hatte sich jedoch
durchgesetzt und nur auf das schöne Erscheinungsbild ge-
achtet und sich nicht von intuitiven Warnungen beeinflussen lassen. Manchmal wollen wir die Wahrheit auch ein-

fach nicht wahrhaben und lieber für einen kurzen Moment einer Illusion nachhängen.

Sobald wir uns selbst ganzheitlich wahrzunehmen beginnen, können wir neben der nonverbalen Kommunikation mit unserer Umwelt auch weitere tiefer gehende Erfahrungen haben. Wenn wir erkennen, dass alles von Energie durchdrungen wird, dann machen wir sehr schnell eine feine energetische Struktur ausfindig, durch die wir konstant und mit allem in Verbindung stehen: das bereits kurz erwähnte »gestaltgebende« beziehungsweise »-bildende« oder morphogenetische Feld. Es ist ein mit dem bloßen Auge nicht erkennbares Energiefeld, das auch Ursache physischer Strukturen ist (dazu initiiert, ihnen Gestalt zu verleihen) und alles und alle miteinander verbindet.

Das morphogenetische Feld

Das morphogenetische Feld ist ein Feld sublimer Energie, das alles und alle miteinander verbindet, eine Ebene, über die wir nonverbal miteinander kommunizieren können. Diese Ebene stellt eine Art Informationsträger dar, der uns mit noch mehr als nur mit unserer ansonsten auch sinnlich erfahrbaren Welt verbinden kann. Vielleicht ist dieses Feld gar eine Art Teil einer Ursubstanz, die die Grundlage für die Kommunikation zwischen den verschiedenen Welten darstellt.

Wenn auch, wie so vieles Wahre, offiziell als Pseudowissenschaft eingestuft, so prägte diesen Begriff doch vor allem der englische Biologe Rupert Sheldrake. Als hypothetisches morphic field oder »morphisches« (ursprünglich »morphogenetisches«) Feld bezeichnete er ein Feld, das als »formbildende Verursachung« für die Generierung von Formen und Strukturen in der materiellen Welt, aber auch innerhalb der Gesellschaft verantwortlich sein soll. Der Begriff ist abgeleitet von den griechischen Wörtern morphé (Gestalt) und génesis (Entstehung).

Diese Ebene ermöglicht uns also den nonverbalen kommunikativen Austausch. Das Feld stellt eine Art Informationsträger dar, der im Universum, ähnlich wie auf der Erde der »Äther«, über Radiowellen ausgesendet und empfangen, als Übertragungsmittel dient. Dieses Feld verbindet uns nicht nur mit allem innerhalb unserer Welt, sondern auch mit der Geistigen Welt.

Viele würden hier wahrscheinlich auch von der »Astralwelt« sprechen. Die Astralwelt fällt oft im Zusammenhang mit außerkörperlichen Erfahrungen. Ob wir zwischen diesen beiden Feldern differenzieren müssen, scheint mir nebensächlich. Wichtig ist, diese Ebene als eine bei uns existierende energetische Seinsform, als Entität anzuerkennen: eine geistige Welt innerhalb der physischen Welt, wenn man so will.

Es kann im Alltag auch von ganz praktischem Nutzen sein, wenn du mit deinem ganzheitlichen Sinneswahrnehmungsorgan, den Hellsinnen, umzugehen lernst. Du musst dies nicht exzessiv ausüben. Vorerst genügt es erst einmal zu verstehen, dass du tagtäglich mit deiner Umwelt in ständigem Austausch sensitiver Impulse stehst. Du sendest oder empfängst sie über das morphogenetische Feld. Es kann in gewissen Situationen von Vorteil sein, diese Kommunikation bewusst zu unterbinden. Denn es kommt vor, dass sie dich zuerst nur unmerklich, aber mit der Zeit vielleicht spürbarer zu belasten beginnt.

Ganz gut erkennt man das zum Beispiel beim Mobbing. Dabei bemerkt man die negativen »Schwingungen« der Person, schon bevor diese auch nur irgendetwas zu einem gesagt hat. Ein Blick, sogar einer, der sinnlich gar nicht erfahrbar ist, kann dann schon ausreichen, um das Innerste aufzuwühlen und sich instabil zu fühlen und dadurch angreifbar zu machen.

≋ Übung:
»Mobbing energetisch unterbinden«

Eine einfache Übung, um Mobbing entgegenzuwirken, besteht darin, dir kanalartige Verbindungen zu der jeweiligen Person im morphogenetischen Feld vorzustellen. Versuche, sie dir ganz plastisch in Form von Lichtstrahlen oder wie eine Art Blitz zu visualisieren, die dich treffen. Oder als eine Art imaginäre Stromleitung, die euch verbindet. Sobald der »Täter« dir böse Gedanken sendet oder etwas sagt, resoniert diese Leitung mit deinem Innersten und vermag dir einen kleinen Schlag zu verpassen. Meist fühlt man das in der Magengegend, im Nacken oder im Herzen.

Visualisiere diesen Kanal, richte deinen inneren Fokus nun auf ihn und lass ihn schrumpfen. Wie ein aufgeblähter Schlauch, aus dem die Luft entweicht und der sich zusammenzieht. Du entziehst dieser Verbindung so die Kraft, bis sie in sich zusammenbricht und von dir abfällt.

Wichtig ist hierbei, dass diese Visualisation so oft wie möglich wiederholt wird. Wenn du dich nicht lange auf solcherlei innere Bilder konzentrieren kannst, dann halte die Visualisierungszeit kurz. Es ist auch dann effektiv, wenn du dich nur für eine Minute auf diese Bildfolge konzentrierst.

Diese Technik eignet sich bei allen Verbindungen, die man reduzieren oder gehen lassen möchte. Man entzieht ihnen sprichwörtlich die Kraft und Macht, die sie auf uns haben. Sie wird dir in den Übungen zum Spirit Move ein weiteres Mal begegnen.

Channeling-Botschaft an dich

Die jetzige Zeitqualität lässt dich spüren, wie sehr du dich in der materiellen Welt abgegrenzt fühlst. Sie schürft tief in dir und bringt alles empor, was gefunden werden will. Dadurch, dass du dich selbst darauf einlässt, tief in der Erde zu graben, kannst auch du deine Kostbarkeiten, deine Edelsteine finden. Je mehr du während des Arbeitsprozesses das Geröll beiseiteschiebst, desto näher wirst du dir selbst kommen und dein unendliches Wesen Stück für Stück erforschen können. Am Ende bleibt das, was du aufgreifen und mitnehmen möchtest.

Glaube und Glück

Wer an gar nichts glaubt, ist unweigerlich auf sich selbst zurückgeworfen. Dazu gesellt sich vielleicht noch die Vorstellung, dass für uns am Ende des irdischen Lebens sowieso alles im Nichts zerfällt. Da kann sich dann schon eine gewisse Gleichgültigkeit in einem bemerkbar machen, zumindest war dies bei mir phasenweise so. Der Glaube, der aber trotz allem tief in mir schlummerte, der Glaube an einen höheren Sinn des Lebens, hat mich letzten Endes gerettet. Und manchmal ist er das Letzte, neben der Hoffnung, was uns durch Krisen hindurchzutragen vermag.

Auch wenn es nahelag, mich als Opfer sinnloser Umstände zu betrachten, erkannte ich doch irgendwie, dass ich mein Leben mit dieser Haltung nur zusätzlich noch belasten würde. Es schien mir daher sinnvoll, den höheren Sinn des Lebens zu erforschen. Als ich schon einige paranormale Erfahrungen gesammelt hatte, war ich dabei manchmal trotzdem so frustriert, weil ich mich innerlich weigerte, dies alles einfach so zu glauben und hinzunehmen. Mit den ersten Schritten auf meinem Weg durch dieses »spirituelle Neuland« wurde ich zu meinem Erstaunen jedoch relativ schnell für mich fündig, was mich etwas entspannte. In meinen Visionen begann ich nämlich, Zusammenhänge in meinem Leben zu erkennen, die eindeutig geplant und damit alles andere als Zufall gewesen waren.

Da ich international tätig bin, kam es im Laufe der Zeit dazu, dass ich vermehrt Verbindungen in die USA knüpfte. Während meiner Reisen in die Staaten wurde mir bewusst, dass dort viele Menschen eine enorme Kraft aus ihrem Glauben schöpfen. Meine Nähe zum sogenannten »Spiritismus« ließ mich in diesem Land nach langer Zeit wieder einmal Gottesdienste erleben. Nicht, dass ich eine Kirchgängerin wäre. Aber mich interessiert das, was Menschen in ihren Gemeinden erleben. Es ist schön, unterschiedliche Rituale mitzuerleben und Energien in diesen Gebäuden und an zeremoniellen Plätzen zu fühlen. Es ist längst kein Geheimnis mehr, dass die meisten der heutigen heiligen Stätten bereits von unseren frühen Vorfahren zu spirituellen Zwecken genutzt wurden. Auch, dass diese Orte an bestimmten irdischen Punkten auf sogenannten Ley-Linien errichtet wurden (die so ähnlich wie die Meridiane des menschlichen Körpers sind, auf denen die Akupunkturpunkte liegen), ist mittlerweile bekannt. Und so erstaunt es nicht, dass gerade an solchen Orten der Fluss und Austausch von Energien besonders intensiv vonstattengeht.

Als ich die Gottesdienste an der Küste von Maine miterlebte, erstaunte es mich, dass nicht nur die Generation 60 plus, sondern insbesondere auch junge Menschen daran teilnahmen. Viele ziehen Motivation, Mut und Kraft für den Alltag daraus – aus der Hoffnung und dem Glauben an die Existenz von etwas Höherem. Zudem ziehen sie für sich nicht nur Kraft, sondern auch den Halt einer spirituellen Gemeinschaft aus diesen regelmäßigen Zusammenkünften.

Es war in den USA eher selten, jemanden anzutreffen, der

sich selbst als nicht religiös bezeichnet hätte. Ich selbst fühlte mich, obwohl ich den spiritistischen Prinzipien im Grunde zustimme, aber irgendwie doch immer etwas befremdet auf diesen Veranstaltungen. Für meinen Geschmack hätten sie ein wenig zeitgemäßer sein können.

Unser persönliches Wachstum und Glück hängen in der Regel von den Strukturen ab, in denen wir leben. Wir kämpfen zumeist an vielen unterschiedlichen Fronten gleichzeitig. Da sind die privaten Erfordernisse und obendrein noch die gesellschaftlichen. Durch die Entwicklung unseres Bewusstseins können wir uns jedoch einen Ausgleich schaffen. Es beginnt bei dir genau in dem Moment, in dem du dir erlaubst, an etwas zu glauben. An dich selbst und auch an uns als Menschheit. In der Verbundenheit mit deinem inneren Kern, der ein wahres Feuerwerk an Lebensfunken in dir entfachen kann, wenn du dir erlaubst, dir eine offene, liebevolle Version unserer Gesellschaft vorzustellen und dich aufmachst, daran mitzuwirken. Es beginnt immer in dir, indem du erkennst, dass du für dich und dein Umfeld im Kleinen Großartiges leisten kannst. Und ganz sicher wird dies auch einen positiven Effekt auf das Große haben. Das Gefühl des Abgetrenntseins, der Isolation, um es noch einmal zu sagen, ist eine Illusion der noch wirkenden, aber vergehenden Zeitqualität. Wir haben bereits jetzt die Wahl: Wir können in uns eine Kraft und Leidenschaft entfachen, die unser Leben und das unserer Mitmenschen und -geschöpfe bereichert und erfüllter werden lässt.

Du und ich, wir sind keine »unbedeutenden Häufchen Materie« im Kollektiv. Ebenso wenig lösen wir uns nach unserem physischen Tod in nichts auf. Unsere Seele ist mehrdimensional und nicht gebunden an die physische

Zeit oder an materielle Bedingungen. Wir alle haben aber die Verantwortung für unsere individuelle und kollektive Entwicklung und tragen sie mal bewusster, mal unbewusster. Die Liebe, die wir in unserem persönlichen Glauben und in der Verbundenheit mit allem und jedem ausstrahlen können, ist unglaublich faszinierend, auch wenn dieses Gefühl manchmal nur für einen Augenblick wahrnehmbar ist. Sobald du diese große Verbundenheit mit allem fühlst, werden Heilung und Seelenkraft in dir frei fließen können.

Einsamkeit überwinden

Obwohl wir oft liebe Menschen um uns wissen, fühlen wir uns dennoch in vielen Momenten einsam und voneinander getrennt. Nicht selten haben wir in intensiven Lebenssituationen das Gefühl, im Stich gelassen zu werden. Wenn wir uns dieses Gefühl genauer anschauen und tiefer darin graben, erkennen wir vielleicht, dass wir uns gar nicht von der Mutter, vom Vater, dem oder der Partner(in), die möglicherweise nicht bei uns sind, verlassen fühlen, sondern von etwas, was eher größer und übergeordneter zu sein scheint. Manchmal spüren wir eine subtile, oft aber auch eine stark ausgeprägte Isolation, die immer wieder an uns nagt. Ich selbst kenne das sehr gut.

Wir sind zerbrechliche Wesen, die sich in der materiellen Welt immer wieder mit unbekannten, herausfordernden Situationen konfrontiert sehen. Und zumeist versetzen uns diese erst einmal in eine Art Schockzustand, sie lassen uns wie erstarren. Auf der Ebene der Geistigen Welt, aus der wir ursprünglich stammen, sind wir ja umhüllt von Geborgenheit und bedingungsloser Liebe. Dort befinden sich unsere Wahrnehmung und unser Bewusstsein in wunderbarem Einklang mit allem anderen, und keine materiellen Zwänge oder gar Bedürftigkeiten fordern uns heraus. Mit der Inkarnation, also dem Geborenwerden auf der Erde, sind wir dann zunächst völlig hilflos. Kleine Geschöpfe, die zu hundert Prozent abhängig von der Fürsorge anderer sind. Diesen Zustand der Abhängigkeit können wir überhaupt nur deshalb ertragen und akzeptieren, weil unser Bewusstsein anfänglich lediglich rudimentär freigeschaltet ist. In dieser Inkarnation unweigerlich mit dem Körper verbunden zu sein, bremst unsere Fähigkeit, unser Bewusstsein vollumfänglich zu erfahren. Es wird in der Regel erst nach und nach, Schritt für Schritt freigeschaltet.

Während meines anfänglichen irdischen Überlebenskampfes gaben mir meine Mutter und meine Oma Halt. Sie schenkten mir ihre Liebe, vermochten es aber nicht, alles für mich auszubalancieren. Das hätte ihre eigenen Kräfte überstiegen. In schwierigen Zeiten durchläuft, wie gesagt, jeder und jede auch in irgendeiner Form das Gefühl des Alleinseins. Denn unser Körper, jener »organische Raumanzug«, der uns diese Reise erst ermöglicht, blockiert leider manchmal das Gefühl der Gemeinsamkeit mit anderen. Unsere irdischen Begleiter wie Eltern oder Partner können mit uns fühlen und leiden, uns aber nicht alles abnehmen, was wir in unserem Entwicklungsprozess selbst durchmachen müssen.

Unsere Schmerzerfahrungen, zu denen auch das Empfinden von Einsamkeit gehört, lehren uns immer auch, unser Bewusstsein zu erweitern. Meine Mutter hat sich bestimmt sehr oft Vorwürfe gemacht und die Schuld für mein Leid auf ihre Schultern genommen. Doch Eltern müssen akzeptieren, dass sie ihre Kinder nicht immer und vor allem beschützen können. Denn jedes Leben auf der Erde muss wichtige Entwicklungsschritte durchlaufen. Und zu meinem »spirituellem Deal« gehörte es, das Paket meiner Mutter mitzutragen und dadurch zugleich auch meine eigene wertvolle Lebenserfahrung zu machen.

Einige Menschen katapultieren sich mit ihrem Denken und Handeln auch ganz gezielt in die Einsamkeit hinein. Sie wollen vielleicht nicht in weitere Abhängigkeiten geraten. Also schneiden sie jede möglicherweise tief gehende Verbindung frühzeitig ab, um so vermeintlich unabhängiger, eigenständig und ohne Verantwortung für einen anderen Menschen zu leben. Diese Angst vor Abhängigkeit provoziert nur manchmal Einsamkeit, die man im Grunde eigentlich gar nicht möchte. Oft sind genau diese Menschen außergewöhnlich sensibel. Sie laufen Gefahr, sich mit der Zeit zu Egoisten zu entwickeln.

Die Frage, die man sich in einer solchen Situation stellen sollte, lautet: Warum wollte ich die Einsamkeit? War es eine Flucht oder war es, weil ich nur so meiner Bestimmung gemäß leben zu können glaubte? Welche Qualität entwickle ich in dieser Einsamkeit? Dient sie in erster Linie mir selbst oder eher einem höheren Ziel?

In vielen Sitzungen höre ich von meinen Klienten, dass es ihnen an Urvertrauen fehle. Ein wichtiger wunder Punkt, den wohl viele Erdenbewohner miteinander teilen. Denn mit unserer Geburt werden wir in eine für uns eigentlich feindliche Umgebung geworfen. Ohne unser physisches Gefährt könnten wie hier nicht wirklich existieren. Um den Körper lebensfähig zu halten, müssen wir lernen, dessen Bedürfnisse zu erkennen und zu stillen. Und in der Regel sind wir letzten Endes selbst es, die mehr oder weniger auf sich gestellt dafür Sorge tragen müssen. Oft müssen wir es scheinbar auch noch anderen rechtmachen, uns an deren Spielregeln anpassen, weil wir sonst vermeintlich nicht besonders weit kommen würden. Wie soll da Urvertrauen entstehen? Und jenes Einsamkeits- und Verlassenheitsgefühl wird natürlich häufig obendrein auch noch durch Traumata geschürt, die in der Kindheit erlitten wurden.

Die Angst, sich zu »outen«

Viele Menschen versuchen, das Wissen um ein höheres Bewusstsein und die Vorstellung, dass wir als Seelen möglicherweise interdimensionale Reisen machen, für sich kategorisch auszuschließen beziehungsweise zu verdrängen. Einer der Gründe liegt wohl in der Angst, damit seine vermeintliche Eigenständigkeit und Unabhängigkeit preiszugeben. Denn würden wir uns selbst eingestehen, dass es eine Macht gibt, die uns übergeordnet ist, dann müssten wir Rechenschaft ablegen und können nicht einfach tun und lassen, wonach uns gerade der Sinn steht.

Ein weiterer wichtiger Grund ist die Tatsache, dass »Akademiker der alten Schule« die sogenannten »Parawissenschaften« nicht ernst nehmen. Unsere etablierte Wissenschaft arbeitet mit Parametern, die sich auf die materiellen Ebenen beschränken, um diese zu beschreiben und zu messen. Die Parawissenschaft beschäftigt sich hingegen mit uns unbekannten »Stoffen« und nicht selten mit paradoxen Wechselwirkungen. Durch u.a. die Quantenphysik findet hier allerdings eine Annäherung statt, scheinen die Gesetze auf subatomarer Ebene doch andere zu sein als nach den bisherigen newtonschen beziehungsweise mechanistischen

Vorstellungen, was sich auch in breiteren Bevölkerungs-schichten herumzusprechen beginnt.

Der dritte Grund ist schlichtweg der, dass man nicht dazu erzogen wurde, an solche Dinge zu glauben, und wenn un-sereins dann doch »solche Dinge« erlebt, wird uns spätes-tens ab dem siebten Lebensjahr nicht nur der Glaube an den Nikolaus, sondern auch an alles andere genommen.

Ein beredtes Beispiel für die Angst, sich zu outen, bezie-hungsweise die Angst davor, sich überhaupt gewissen Wahrnehmungen zu stellen, erlebte ich während eines Fa-milientreffens. Da hatte ich ein interessantes Gespräch mit einem meiner Cousins. Wir hatten uns schon lange nicht mehr gesehen. Es war und ist offenkundig, dass er und ein weiterer Teil meiner Familie meine Berufung nicht verste-hen oder vielleicht gar ernst nehmen wollen. Dies hielt mich jedoch nie davon ab, das zu praktizieren, was ich tun wollte und auch musste. Schon früh war mir bewusst, dass ich mit meiner Arbeit bei einigen Menschen auf Unverständnis stoßen würde. Das beeindruckte mich aber wenig. Denn mir war es immer wichtig, trotz gewisser Widrigkeiten auf meine Weise etwas zu leisten, was Menschen helfen und sie weiterbringen könnte.

An besagtem Abend hatten wir uns um eine Feuerschale versammelt, in der ein großes Feuer loderte. Die Szene er-innerte mich sehr an die Lagerfeuer meiner Kindheit, die ich immer sehr genossen hatte. Bei diesem gemütlichen Beisammensein entwickelte sich ein spannender kurzer Monolog seitens meines Cousins. Er begann zu meiner Überraschung wie aus dem Nichts heraus, seine persön-liche Meinung zu meiner beruflichen Tätigkeit zu äußern. Innerhalb von Sekunden wurde er, wie soll ich sagen, etwas beleidigend: »Du weißt, dass ich von dem, was du machst, nicht viel mehr als von irgendeinem anderen Schwachsinn halte.« Da mich das nicht weiter überraschte und ich auch kein besonderes Bedürfnis verspürte, mich zu verteidigen, ließ ich ihn ohne Einwand gewähren. Es folgten ein paar weitere Vorwürfe, u.a. dass meine Visionen doch nur »abstruse Fantasien« und nicht wirklich etwas für intelligente Menschen seien.

Als er seinen ersten Gefühlsausbruch, ausgelöst durch den Gedanken an meinen Job, beendet hatte, hielt er verdächtig lange inne. Bis zu dem Zeitpunkt hatte ich ihm nur zugehört. Ich wollte, dass er seine Gedanken, oder besser gesagt zuerst mal seine Emotionen, rauslassen konnte. Es war offensichtlich, dass es ihn sehr beschäftigte. Oft müssen wir den ersten Druck in uns freilassen, damit wir dann offen sind für neue Sichtweisen, ansonsten verbleiben wir in einem verklemmten und unflexiblen Gemütszustand. Ich lauschte einfach weiterhin dem Prasseln des Feuers und ließ mich von den tanzenden Flammen hypnotisieren. Bis auf das Knistern und Zischen des brennenden Holzes war kein Laut zu vernehmen.

Nach einigen Minuten des Schweigens schickte er sich jedoch offensichtlich an, die Stille zu brechen. Ich bemerkte plötzlich seinen mich durchbohrenden Blick. Mit einem Kopfnicken ließ ich ihn wissen, dass er ruhig weitersprechen könne. Sein Blick war nun jedoch anders, er wirkte sogar etwas verunsichert. Beim ersten Anlauf, der ja nicht gerade charmant gewesen war, hatte er den direkten Blick kaum aushalten können und war meinen Augen ständig ausgewichen. Die diesmal direkte Fokussierung nahm ich als Zeichen, dass wir jetzt ernsthaft über das Thema sprechen würden. Er nahm erneut Anlauf.

Dieses Mal staunte ich nicht wenig, denn was jetzt folgte, hätte ich so nun doch nicht erwartet. »Sue, ich hatte da mal in der Jugend Erlebnisse ... und ich sage dir, die haben mir total Schiss gemacht! Seit dieser Zeit will ich nichts mehr mit solchen Dingen zu tun haben.«

Das machte mich natürlich neugierig, also fragte ich nach, was denn passiert sei. In einem völlig anderen Ton und mit ein wenig verzettelten Gedankensprüngen begann er, seine Erlebnisse zu erzählen. Einige davon waren paranormaler Natur. Er hatte als junger Erwachsener wohl ein wenig mit Hypnose, Wahrnehmungsübungen und Sonstigem herumexperimentiert. Als dann, schneller als erwartet, diese »Experimente« einen nachweislichen Effekt hatten, wurde ihm angst und bange. Deswegen wollte er nach diesen Erlebnissen absolut nichts mehr mit »solchen Dingen« zu tun haben. Von da an schien seine Lösung des »Problems« nicht nur das Verdrängen, sondern per se die Verleugnung solcher Fähigkeiten zu sein. Es ging in seinem Fall so weit, das beobachte ich auch bei anderen, dass es ihm nicht genügte, es nur zu leugnen, sondern darüber hinaus sah er sich auch dazu veranlasst, es zu verhöhnen und schlechtzumachen. Indem wir etwas entwerten, scheint es für uns eher beherrschbar zu werden ...

Viele Ärzte oder Psychologen, die außersinnliche Erfahrungen gemacht oder bei anderen beobachtet haben, werden nicht grundlos von der Angst vor dem Verlust ihrer Reputation erfasst. Aber genau in diesen Berufsgruppen treffe ich auf sehr viele Menschen, die durch die tägliche Begegnung und Nähe mit anderen Menschen Dinge erfühlen oder wahrnehmen, die über den Verstand nicht erklärbar sind. Ihre Angst vor dem Ansehensverlust hindert sie (wie auch den Großteil der Menschen an sich) daran, weiter und vor allem öffentlich zu forschen, sich dazu zu bekennen und dadurch anderen ein Vorbild zu sein. Aber es gibt sie.

Warum Jesus uns heute nicht mehr tragen könnte

Stellen wir uns einmal vor, es gäbe einen charismatischen Menschen, der andere durch Handauflegen heilen könnte und der uns zu einem höheren Bewusstsein inspirieren könnte … Und es gibt solche Menschen überall auf der Erde, die jesusähnliche Wunder vollbringen und dennoch kaum größere Aufmerksamkeit auf sich ziehen. Wobei Jesus das zu Lebzeiten sicher auch nicht so ging. Die Mystifizierung kam, wie so oft, ja erst viel später.

Wir möchten nicht, das einer zu uns sagt: »Wenn du geschlagen wirst, dann halte entspannt noch die andere Backe hin.« Bei Gandhi hat das zwar funktioniert. Aber das waren andere Umstände. Und unsere Welt ist, zumindest hier im Westen, eine andere. Wir sind bequemer und haben mehr Ängste. Wenn heute einer auftauchen und behaupten würde, Gottes Sohn zu sein, würde er wohl ohne Umwege in die Psychiatrie gesteckt und/oder medikamentös ruhig gestellt werden. Jesus im Hier und Jetzt könnte von den meisten wohl bestenfalls noch als verhöhnter Sektenführer akzeptiert werden.

Dennoch hoffen insgeheim viele, es gäbe da jemanden. Jemand, der aus unseren Reihen kommt, damit wir ihn anhören und vielleicht sogar akzeptieren könnten. Jemand, der als Mensch unter Menschen ein Vorbild ist und nicht auf einem Sockel steht, den andere ihm errichtet haben.

Brauchen wir vielleicht tatsächlich eine neue, moderne »Religion«? Diese Frage habe ich in letzter Zeit vielen meiner Seminarteilnehmer*innen gestellt. Die Antwort war mehr als eindeutig: Die Sehnsucht nach einer Art alternativer religiöser Gemeinschaft ist stark. Nur scheuen sich viele, dies zuzugeben. Niemand will unterstellt bekommen, wohl einer »neuartigen Sekte« beigetreten zu sein. Denn landläufig glaubt man eben entweder an eine staatlich anerkannte Religion oder man ist auf Abwegen unterwegs: häretisch. Zumindest in Europa, die USA handhaben das ein wenig anders. Aber natürlich wissen wir alle, wie magisch und zugleich problematisch eine solch neue Religion oder meinetwegen auch Sekte sein kann. Das wird in der TV-Dokumentation »Wild Wild Country« aus dem Jahr 2018 dargestellt. Darin geht es um den umstrittenen Guru Bhagwan Shree Rajneesh, alias Osho. In seiner Philosophie war unter anderem auch von der Vereinigung von Materie und Spiritualität die Rede. Eigentlich ein sehr wichtiger Gedanke, den ich selbst schon seit Jahren teile.

Uns alle eint die Sehnsucht nach mehr Wahrhaftigkeit und Spiritualität in unserem Leben. Diese erfahren wir jedoch nicht nur dadurch, dass wir nach Nepal, Indien oder Bali reisen, obwohl diese Orte wahrhaftige Magnetpunkte für spirituell Suchende waren und sind. Wir erfahren es in uns selbst. Spiritualität finden wir in unserem täglichen Leben, indem wir beginnen, es richtig zu verstehen. In der Zeit, in der wir leben, brauchen wir nicht mehr nach einem Retter oder Guru zu suchen. In unserer Zeit besitzen wir nämlich die Fähigkeit, wirkliche Anbindung und spirituellen Halt durch uns und in uns selbst zu erfahren. Wir sind bereits an einem spirituellen Ort, und wir sind dabei ganz unabhängig von Gurus und dergleichen. Wir realisieren das aber noch zu selten, weil es schlichtweg eine ungewohnte Vorstellung für uns ist.

Gerade erleben wir eine großartige spirituelle Revolution, müssen aber noch immer den Spagat zwischen Materiellem und Geistigem aushalten. Die Entwicklung ist insofern revolutionär, weil sie uns nun Selbstständigkeit und Eigenverantwortung lehrt. Sie bringt uns Unabhängigkeit, weil sie uns zeigt, dass wir die Schöpferkraft wahrhaftig in uns tragen und nun auch aufgefordert sind, diese für uns und andere zu nutzen. Der Gedanke an Jesus oder einen spirituellen Leitstern hilft zwar noch immer vielen Menschen, um nun den Schritt zu machen, einen Spirit Move zu wagen. Allein und doch gemeinsam. Wir tragen den Guru aber bereits in uns.

Viele Menschen, die ich begleite, setzen sich außerdem künstlich unter Druck, indem sie meinen, all ihr »Karma« während der aktuellen Lebenszeit abarbeiten zu müssen. Auch manch einer, der gar keine rechte Vorstellung von Karma hat, fühlt sich dennoch oft so, als ob er irgendeine Art innere Entwicklungsuhr mit sich trüge, die stetig tickte. Wir denken, dass wir alles lösen müssten, und zwar am besten sofort.

Die Erfahrung lehrt jedoch – und schon der »gesunde Menschenverstand« sagt es einem –, dass sich wahre Bewusstseinsentwicklung oder Veränderung nicht erzwingen lässt. Spirituell Fortgeschrittene werden dies bestätigen. Ein Verhaltensproblem oder Muster, das man lösen möchte, zum Beispiel in der Partnerschaft, unterliegt dem gleichen Prinzip. Es braucht in uns einen Raum, der eine möglichst neutrale Perspektive auf das Muster oder Problem bietet. Dann benötigt es Zeit, damit wir uns in diesem Raum neu orientieren und unsere Gefühle sortieren können. So entwickeln wir eine erweiterte Sicht auf die Situation.

Das Problem nur zu sehen oder es mit allen Facetten zu erkennen sind natürlich zwei unterschiedliche Paar Schuhe. In den meisten Fällen brauchen wir dazu dann den Faktor Zeit, um an der Lösung des Grundmusters beziehungsweise Problems zu arbeiten. Erst wenn es richtig in uns gegärt hat und wir mutig genug sind, ehrlich hinzuschauen, kann der erwünschte Spirit Move, also das Klick des Sicherkennens in uns, seinen weitreichenden Effekt erzielen.

Diese Bewusstseinsentwicklung wird ein Leben lang fortgesetzt. Eine »Erleuchtung wie im Bilderbuch«, vor allem die Vorstellung, sie sei auf einmal da und bliebe dann ohne weiteres Zutun dauerhaft, scheint zum jetzigen Zeitpunkt etwas weit hergeholt zu sein. Sie ist in unserer Zeitqualität auch nicht nötig. Wir befinden uns auf der Vorstufe eines neuen Bewusstseins, in der es oft schon völlig genügt, sich selbst ehrlich wahrnehmen zu können und dabei ein guter Mensch zu bleiben.

Deine Zukunft beeinflussen

Die Zukunft. Ein wirklich großes Mysterium! Seit frühesten Kindheitstagen begleiten mich in meinem Geist Vorahnungen und »Schnipsel« von Geschehnissen, die erst noch eintreten werden. Wie bereits erwähnt, wurde ich mit der Gabe geboren, die Zukunft sehen zu können. Das klingt jetzt bestimmt etwas dramatisch, ist es aber nicht. Ich sehe nicht nonstop, 24 Stunden am Tag, unaufgefordert jedes erdenkliche Ereignis meiner, geschweige denn der gesamten Welt. Ebenso wenig habe ich bis jetzt jemanden kennengelernt, bei dem diese Fähigkeit auf solch extreme Weise ausgeprägt gewesen wäre.

Die ersten Male waren außerordentlich und hatten einen spektakulären Effekt auf mich. Mit der Zeit gewöhnt man sich jedoch daran und integriert diese Vorahnungen in sein Leben. Ich erschrecke mich nicht mehr davor, weil mein Bewusstsein diese interdimensionale Realität akzeptiert und integriert hat. Über all die Jahre, in denen ich Menschen spirituell begleite, habe ich meine Fähigkeiten studiert und verfeinert.

Dass es so etwas wie einen Lebensplan geben muss, wurde mir so schon sehr früh klar, denn ohne diesen wäre es mir sicher nie möglich gewesen, die Zukunft zu sehen. Meine

Schlussfolgerung war: Wenn ich es sehen kann, dann ist es schon vorausgeplant.

Ich mag logische Schlussfolgerungen, auch wenn sie schon dazu geführt haben, die Magie unserer Realität zu entzaubern. Vieles von dem, was wir heute an Paranormalem erleben, scheint jedoch nicht immer verifizierbaren oder plausiblen Prinzipien zu folgen. Das ist allerdings etwas, was ich mittlerweile akzeptieren kann, weil ich die Magie auch im Unlogischen erlebe. Denn die Zusammenhänge finden sich im Nachhinein und werden dann ganz offensichtlich. Wie ich schon sagte, zum Beispiel dann, wenn man erkennt, welcher Umweg einen zu etwas Bestimmtem in seinem Leben geführt hat und was so wichtig war, dass es kein Zufall sein konnte.

Also ja, es gibt ihn tatsächlich, den individuellen Lebensplan! Auch wenn den meisten Menschen die Vorstellung, dass die Zukunft vorherbestimmt ist und es trotzdem einen freien Willen geben kann, schwerfällt. Aus einer interdimensionalen Perspektive betrachtet, ist eine fix strukturierte Kette von Ereignissen, die gleichzeitig flexibel ist, nämlich durchaus möglich.

Wir wünschen uns nicht selten eine Veränderung beziehungsweise Verbesserung einer Situation, ohne uns dafür anstrengen zu wollen. Auch ich war schon mehr als einmal sozusagen im Clinch mit dem kollektiven Bewusstsein. Denn so manches Mal brachten meine Wünsche nicht das, was ich mir erhofft hatte. Es war dann so, dass ich einen Preis zahlen musste, den ich nicht mit eingeplant hatte. Denn jede Veränderung bringt weitere Veränderungen mit sich, die man nicht immer einkalkulieren kann. Manchmal erfolgt dies an Stellen, die man gar nicht verändern wollte, die aber mit der Erfüllung des Wunsches unweigerlich verbunden waren. In den letzten Jahren habe ich glücklicherweise erfahren und akzeptieren können, dass alles, was uns widerfährt, am Ende des Tages doch einen Sinn ergibt. Auch wenn wir diesen im äußersten Fall erst dann erkennen mögen, wenn wir wieder in der nicht materiellen Welt sind. Die Essenz, dass man nur an den Herausforderungen im Leben wächst, scheint mir, auch wenn ich es nicht gern zugebe, folgerichtig, obschon nicht angenehm zu sein.

Das bedeutet aber noch lange nicht, dass wir nur hier sind, um zu leiden! Im Gegenteil! Wir sind hier, um zu erleben, zu erfahren und zu wachsen. Am Schlechten wie am Guten. Wann immer wir über die Zukunft in Form des Schicksals sprechen, sollten wir bedenken, dass es dabei letztlich stets um Entscheidungen und deren Konsequenzen in unserem Leben geht.

Energetische Zeitfenster

Unser Lebensplan folgt unter anderem den sehr faszinierenden energetischen Zeitfenstern. Diese fördern ein besonderes Potenzial zutage und beschleunigen gewisse Entwicklungen, während sie offen sind. Sobald wir über das höhere Bewusstsein in das kollektive Bewusstsein eintauchen, erhalten wir auch Zugang zum Lebensplan, also zu dem Teil des Bewusstseins, der die Vorherbestimmung leitet.

Die Qualität dieser Zeitfenster ist ähnlich denjenigen besonderer astrologischer Zeitqualitäten, in denen gewisse Erfahrungen oder Chancen wahrscheinlicher sind. Ob wir diese Fenster nun nutzen oder nicht, obliegt unserem freien Willen. Diese Zeitfenster sind insofern noch zusätzlich spannend und intensiv, weil sie sich manchmal überlagern können.

Mal angenommen, im Lebensplan wären während bestimmter Monate hauptsächlich drei Zeitfenster aktiv, die in den entsprechenden Lebensbereichen wie Partnerschaft, soziale Kontakte oder Beruf Veränderungen mit sich bringen könnten: Dann hätte man bessere Chancen, jemanden kennenzulernen, wenn man in dieser Zeit z.B. auf Partnersuche wäre, und zwar vor allem deshalb, weil diese Zeitfenster vorübergehend parallel zueinander offen stünden. Bemühte man sich nun in diesen Wochen also etwas mehr, unter Menschen zu kommen, online oder offline, würde dies tendenziell schneller belohnt, als wenn diese Fenster gerade inaktiv wären. Für eine neue Beziehung würde es schon reichen, wenn nur eines der drei Fenster geöffnet wäre. Eine Partnerschaft, egal ob beruflich oder privat, könnte in diesem Fall natürlich auch durch berufliche Beziehungen entstehen. Zeitfenster, die gleichzeitig geöffnet sind, könnten aber ebenso gut bedeuten, dass im Beruf und im Liebesleben (ganz unabhängig voneinander) jeweils eine Veränderung begünstigt wird.

Du kannst dir diese Zeitfenster von einem professionellen Medium für dich erspüren lassen. Manchmal reagieren wir aber auch ganz intuitiv auf sie und scheinen automatisch das zu machen, was gerade passend und möglich ist. Dann wiederum gibt es aber auch Zeiten, in denen wir uns selbst irgendwie fremd sind. Das kann dazu führen, dass wir diese Zeitqualitäten nicht richtig nutzen.

Die Zeitfenster sind auch von ihrer Intensität her qualitativ unterschiedlich, also nicht immer gleich weit geöffnet. Ebenfalls mit einberechnen sollten wir den freien Willen, und zwar nicht nur unseren eigenen, sondern auch denjenigen der Personen, die mit uns in Verbindung stehen.

Der ganze Sachverhalt ist, wie du siehst, relativ komplex. Wie bereits erwähnt, ist die Zukunft vorherbestimmt und dennoch bis zu einem gewissen Grad flexibel. An diesen scheinbaren Widerspruch muss sich der uns aktuell zur Verfügung stehende Verstand wohl noch ein bisschen gewöhnen ...

Für jeden unserer Lebensbereiche gibt es solche Zeitfenster. Dabei reicht die ganz feste Vorstellung, dass etwas Bestimmtes eintrifft, allein nicht aus, um es durch die Kraft der Resonanz möglich werden zu lassen. Sich auf das Positive und Gewünschte zu konzentrieren richtet unseren Fokus auf das Gute und kann uns somit auch entsprechend leiten. Doch müssen wir in der Regel auch etwas tun beziehungsweise ins Tun kommen, damit sich die Zukunft positiv gestalten kann. Zusätzlich müssen die Zeitfenster wie auch die Fixpunkte (Malus- und Bonussystem, auf die ich noch zu sprechen komme) ebenfalls günstig sein, damit sich die Situation so entwickelt, wie wir es uns wünschen. Sonst hilft alles Wünschen, Wollen und Tun nicht.

Viele vor mir haben bereits zu veranschaulichen versucht, wie das Ganze funktioniert. Wir müssen jedoch alle zum Schluss kommen, dass wir es nicht zu hundert Prozent verstehen. Das ist aber auch okay. Denn vielleicht brauchen wir zum jetzigen Zeitpunkt noch das Mysterium in unserem Leben. Also gehen wir mit dem weiter, was wir ganz grob verstanden haben.

Ich hatte ja schon die Quantenphysik angesprochen. In diesem Zusammenhang gibt es auch die sogenannte String-Theorie, die allerdings umstritten ist. Ohne näher darauf eingehen zu wollen, halten wir fest, dass Wissenschaftler versuchen, Antworten auf Fragen zu finden, die allein mit unserem normalen Verstand nicht zu beantworten sind;

und sie haben auch schon viele Einsichten ermöglicht. Doch erfahrungsgemäß sind diese Antworten für den täglichen Gebrauch immer noch zu komplex, um sie verlässlich zurate ziehen zu können.

Wenn ich für mich oder andere in die Zukunft blicke, dann versuche ich also zuerst einmal, grob die Zeitfenster einer bevorstehenden Etappe wahrzunehmen, um ein Gefühl dafür zu erhalten, wie sich gewisse Dinge entwickeln können oder ob etwas Unerwartetes von mir provoziert werden könnte.

Diese Zeitqualitäten können sich im Laufe des Lebens auch ständig wiederholen. Sie stellen dann eine Art Zeitachse dar, die eine Herausforderung bedeutet oder aber eine Förderung im jeweiligen Lebensbereich mit sich bringt. Die Dauer der Öffnung kann von Fenster zu Fenster und von Jahr zu Jahr variieren. Manchmal scheinen sie über viele Monate offen zu sein, ein andermal nur für Tage. Und zuweilen sind die Zeitfenster nur »halb« geöffnet, sodass ihre Wirkung nicht vollumfänglich zum Tragen kommt.

Die Zukunft vorherzusehen ist eine Kunst. Öfter, als uns klar wird, erhalten wir dennoch auf uns im Alltagsbewusstsein zugänglicher Ebene Impulse für unsere eigene Zukunft. Wir nennen es »Vorahnungen«. Bei einigen Menschen sind diese bereits sehr ausgeprägt. Die Fragmente, die wir auch in Visionen erhalten, sind dennoch nicht immer ausreichend, um wirklich das ganze Bild zu zeichnen, sodass der eine oder andere Dinge hinzudichtet – entweder das Medium, das eine Durchsage macht, oder der Empfänger, der die Botschaft in sich vervollständigt –, um die Lücken zu kompensieren. Wenn wir es schaffen, diese Informationen möglichst wertfrei zu betrachten, unser Ego nicht in die vorderste Reihe zu stellen, ethisch-moralisch integer zu sein und die Selbstverantwortung und unseren freien Willen mit zu integrieren, dann können Zukunftsvorhersagen für uns, für andere und für den Planeten sehr nützlich sein.

Der irdische Seelen- und Lebensplan

Die Zukunft, die in unserem Lebensplan grob vorherbestimmt ist, bietet wie gesagt unzählige energetische Zeitfenster. Parallel ist unser Seelenplan aus Bonus- und Maluspunkten sowie Fixpunkten zusammengesetzt. Die Ersteren können wir bewusst oder unbewusst sammeln, was wiederum die Fixpunkte positiv oder negativ beeinflussen wird.

Bonus-, Malus- und Fixpunkte

Es gibt Fixpunkte in deinem Leben, die durch den Seelen- und Lebensplan vorherbestimmt sind. Du kannst sie jedoch durch das Sammeln von Bonus- und Maluspunkten beeinflussen (vom lateinischen fixus [angeheftet, fest], bonus [gut] und malus [schlecht]):

- positive Fixpunkte: günstige Ereignisse in deinem Leben, die vorherbestimmt sind und eintreffen werden;
- negative Fixpunkte: ungünstige Ereignisse in deinem Leben, die vorherbestimmt sind und eintreffen werden;
- Bonuspunkte: positive Erlebnisse/Einflüsse (zum Beispiel Bekanntschaften, die nützlich sein können), die du fakultativ

mit auf den Weg nehmen kannst, welche die Fixpunkte der Zukunft positiver gestalten können;

- Maluspunkte: negative Erlebnisse/Einflüsse (zum Beispiel beim letzten Shoppen zu viel Erspartes aufgebraucht zu haben), welche kommende Fixpunkte etwas negativer gestalten können.

Wenn ich etwa in einem meiner Zeitfenster, das die berufliche Entwicklung prägt, einen Fixpunkt habe, der mich dazu zwingen wird, meinen Arbeitsplatz zu wechseln, dann werden die Bonus- beziehungsweise Maluspunkte, die ich vielleicht vorab gesammelt habe, diese Situation, also den Fixpunkt, entsprechend positiv oder negativ beeinflussen. Dieses Punktesystem habe ich bereits in meinem ersten Buch beschrieben. Hierzu muss ein weiteres Mal erwähnt werden, dass wir, sobald wir an den Lebensplan herangehen, akzeptieren sollten, dass die Zukunft festgeschrieben und doch variabel, also flexibel ist. Scheinbar ein Unding, so beides in einem. Aber es entspricht dem aktuellen Stand meiner Erkenntnisse.

Gern unterscheide ich auch den Lebensplan vom Seelenplan. Beide sind miteinander verknüpft, jedoch dreht sich der Lebensplan mehr um die aktuelle Inkarnation und der Seelenplan um die übergeordnete Entwicklung in einem höheren Bewusstsein.

Du kannst also deinen Lebensplan durch die richtige Wahl von Bonus- und Maluspunkten sowie das Nutzen der Zeitfenster durchaus beeinflussen. Es ist demnach naheliegend, unsere innere Wahrnehmung, unsere Hellsinne, zu trainieren und zu stärken, sodass wir automatisch unseren Zugang zum höheren Selbst »aktivieren«. Wie das möglich ist, habe ich in meinem ersten Buch »Mit dem Jenseits kommunizieren« beschrieben. Die Intuition wird geschult, und die Eingebungen werden häufiger. Wir können Dinge öfter vorherahnen und dadurch bessere Entscheidungen für aktuelle oder künftige Lebensentwürfe treffen.

Die Lebensmusterspirale

Damit wir die Reise hier auf Erden möglichst sinnvoll und erfolgreich erleben können, ist eine weitere Erkenntnis von großer Bedeutung: die Wiederholung von Mustern in unserem Leben. Wie eine Art Trichterspirale begleiten uns gewisse Konstellationen, mit denen wir allzu oft resonieren und die uns immer wieder vor ähnliche Herausforderungen stellen. Zum Beispiel, wenn jemand stetig in Situationen gerät, in denen er eine Opferrolle einnimmt.

Im Hinblick darauf ist die voreilige Fehlannahme verbreitet, dass wir ein solches Muster immer auch zu hundert Prozent löschen könnten, wenn wir es erkannt hätten. Nun, mit manchen mag das durchaus gelingen, aber es gibt stets auch solche, die sich durch unser ganzes Leben ziehen werden. Sie tauchen jeweils auf die gleiche Weise oder eben in Variationen auf. Diese Strukturen werden uns lebenslang begleiten, genauso wie die Vergangenheit immer ein Teil von uns sein wird. Ein wichtiger Ansatz des Spirit Move ist es, diese Muster zu verstehen, zu akzeptieren und zu integrieren. So haben wir eine große Chance, sie dergestalt zu beeinflussen, dass sie ihren Effekt auf uns positiv verändern.

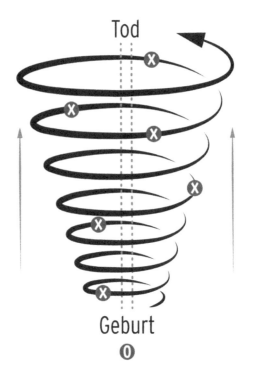

Modell unserer Lebensmusterspirale

Die wiederkehrenden Muster, die unsere wunden Punkte ansprechen, sind in der Abbildung mit X gekennzeichnet. Wenn ein Mensch kein Interesse daran verspürt, an sich zu arbeiten und sein Bewusstsein zu erweitern, dann wird die Spirale mehr oder weniger gleich eng um ihn und seinen Lebensweg geschnürt sein. Sobald im Verlauf der Spirale die Muster wieder an der Reihe sind, sich uns anzunähern, lösen sie in gleichem Maße Probleme aus und werden intensiver wahrgenommen. Bei manch einem Muster verschlimmert sich mit der Zeit die Intensität sogar. Denn einige wiederkehrende Strukturen haben die Angewohnheit, dass sie sich, wenn sie nicht verarbeitet werden, mit der Zeit noch penetranter und anstrengender zeigen. Sie werden so intensiv, bis man etwas, das Richtige, aus ihnen gelernt hat. Denn dann lassen sie wieder von einem ab. Sie sind zwar noch da, aber sie verlieren ihre Wirkung, weil wir sie nicht an uns heranziehen. Man empfindet dann auch die Spirale als weiter.

Wenn man so will, unterstehen wir einer konstanten »Musterprüfung«. Das sollte uns jedoch keineswegs bekümmert stimmen. Wir dürfen realistisch bleiben, die Dynamik erkennen und uns mit dem Problem konfrontieren, sodass wir es mit der Zeit kontrollieren können und nicht umgekehrt.

Wenn sich die Muster dann irgendwann in einer neuen Form wieder sehen lassen, haben wir aber nicht etwa versagt. Frustriert darauf zu reagieren hilft nicht, wir müssen uns dann irgendwie eingestehen, dass wir eben doch noch nicht alles im Muster verstanden oder integriert haben, und unbeirrt weiter daran arbeiten.

Ein typisches Beispiel: Ganz oft erlebe ich Frauen, die immer wieder in »falsche« Beziehungen geraten, sich Partnerschaften aussuchen, von denen sie am Ende herb enttäuscht werden. Oft verurteilen sie sich dann selbst, was die Selbstliebe und das Selbstvertrauen zumindest kurzfristig untergraben kann. Sie begeben sich noch mehr in Abhängigkeit, weil sie denken, dass sie so liebenswerter scheinen beziehungsweise das Gegenüber positiv darauf reagieren würde. Was das Ganze logischerweise ein weiteres Mal verschlimmert. Stattdessen täten sie gut daran, sich erst recht selbst stark zu machen, sich und ihr kostbares Potenzial zu erkennen und den Gedanken zuzulassen, dass es gut ist, wenn der destruktive Partner geht oder bereits gegangen ist.

Sobald wir beginnen, mit uns und den Mustern zu arbeiten, zum Beispiel durch eine Therapie oder indem wir genau in uns hineinschauen und reflektieren, verändern wir auch unsere Resonanzbereitschaft für solche Muster. Wenn wir es schaffen, die Resonanz zu schwächen, indem wir etwa unsere Perspektive verändern (wird im Spirit-Move-Schritt 4 erklärt), vermag das Muster zwar noch immer um uns zu kreisen, verliert jedoch schnell seine Kraft, weil wir es nicht mehr so nah an uns heranlassen. Wir lockern die Musterspirale. So werden wir mit der Zeit früher erkennen, wenn ein solches Lebensmuster wieder bevorsteht, und uns besser dagegen wappnen können beziehungsweise die Situation gar nicht erst entstehen lassen.

Channeling-Botschaft an dich

Jedes Lebewesen in allen Universen und Dimensionen ist Teil eines interdimensionalen Plans, Teil einer großen Gemeinschaft. Deine jetzige Perspektive, mag sie dir noch so weit erscheinen, wird dir immer nur einen ganz kleinen Teil all dessen aufzeigen. Wenn dich deine Sehnsucht nach Wahrheit und nach Sinnhaftigkeit motiviert voranschreiten lässt, dann lass sie walten. Sie darf dich in deiner Entwicklung weit tragen. Wenn dich aber dabei dein Ego unter Druck setzt, weil es die Kontrolle über Vergangenheit, Gegenwart und Zukunft behalten will, dann halte inne, erkenne dich im Jetzt und lass Vergangenes wie Zukünftiges vorübergehend fallen.

Erlaube deinem Bewusstsein, dich zu leiten

In den vielen Jahren, in denen ich nun schon Menschen auf ihrem Lebensweg spirituell begleite und coache, sind mir Strukturen in uns aufgefallen, die uns selbst in einem Strudel aus Selbstsabotage gefangen halten. Sie hindern uns daran, glücklich zu sein und auf unserem persönlichen Weg voranzukommen. In den ersten Kapiteln habe ich ja beschrieben, dass auch ich persönliche Dramen, dauernde Angst und viel Leid durch- und überlebt habe. Die Veränderung kam in dem Moment, als ich begonnen hatte, meine unschönen Erfahrungen und Prägungen als meinen Erfahrungsschatz zu akzeptieren. Nachdem ich mich für einen tieferen Zugang zu meinem Bewusstsein geöffnet hatte und dadurch die Anbindung an eine höhere Intelligenz erfuhr, konnte ich inspiriert durch deren Impulse meine Geschichten in mein System integrieren und transformieren. Bald schon erlebte ich Wundersames.

Die Befreiung durch das Nicht-verzeihen-Müssen

Eine wichtige Erkenntnis, die mich aus meinem Strudel befreit hat, war auch die Erkenntnis, niemandem etwas verzeihen zu müssen. Als ich jünger war, wurde mir immer wieder von unterschiedlichen Seiten zugeflüstert, dass ich erst dann glücklich sein könnte, wenn ich lernen würde zu verzeihen. Denn dann erst würde ich loslassen und mich befreit in Richtung Zukunft bewegen können. Verzeihen und loslassen.

Damals sorgte diese Vorstellung bei mir jedoch für Frustration. Zuerst bin ich das Opfer, und dann muss ich noch verzeihen, was mir angetan wurde ... Mit anderen Worten: Soll ich den Menschen, die mir Leid zugefügt haben, durch Vergebung sozusagen die Absolution erteilen? Taten, welche jemandem Leid zugefügt haben, manche nennen sie Sünden, können nicht ungeschehen gemacht werden. Die Geschichte, das Bewusstsein, die Akasha-Chronik vergisst nie. Genauso wenig, wie wir es tun. Alles, was passiert, wird für immer, wenn auch »nur« im Unterbewusstsein, abgespeichert. Tatsache ist also, dass alles, was gedacht, gesagt oder getan wurde, einen bleibenden Abdruck in unserer Welt und in uns hinterlässt. Technischer ausgedrückt, wird die Information im morphogenetischen Feld gespeichert, genauso wie in unserem Energiesystem, der Aura.

Die Akasha-Chronik

Die Akasha-Chronik ist das übersinnliche »Buch des Lebens«, das in immaterieller Form das gesamte Weltgedächtnis enthält. Sie ist das »spirituelle Geschichtsbuch«, in dem alles, was jemals im Universum passiert ist, abgespeichert, also registriert ist.

In vielen Fällen können wir schlichtweg nicht verzeihen, und normalerweise ist es auch gar nicht nötig. Jemandem etwas Schlimmes vergeben zu müssen, wenn man es nicht kann, wäre nur ein weiterer Stolperstein auf unserem persönlichen Weg. Zeitweise mag es scheinen, als ob wir so weit weg von den Geschehnissen der Vergangenheit und den damit verbundenen Gefühlen sind, dass wir glauben, verzeihen zu können. Manchmal braucht es dann aber nur ganz wenig, dass die Glut der verbrannten Erde wieder neu entfacht wird und ebenso die damit verbundenen Emotionen in uns.

Auf Dauer verflüchtigt sich die Erinnerung an das Geschehen in uns dennoch. Dies ist ein Vorteil der materiellen Existenz. Denn manchmal vermag es die Zeit, Wunden von allein zu heilen. In der Perspektivenarbeit, die ein Schritt im Spirit Move ist (Integrieren), nämlich der vierte, lernen wir, dass es nicht zwingend darum geht zu verzeihen, sondern die Zusammenhänge neutraler zu erkennen, sie als Erfahrung zu akzeptieren und sie dann in unseren persönlichen Geschichtsspeicher zu integrieren. Wenn wir anerkennen, dass wir die Vergangenheit nicht einfach rückgängig machen können, auch wenn unser Leiden es am liebsten so hätte, dass Dinge einfach ausradiert werden könnten und wir eine zweite Chance in der Vergangenheit erhalten würden. Sich bewusst zu werden, dass es gesünder und klüger ist, das Vergangene als einen Teil zu akzeptieren, der immer bei uns sein wird, ist ein wichtiger Schritt in Richtung Heilung. Wenn wir lernen, es in dieser Weise zu akzeptieren, beginnen wir, es auch konstruktiv in uns zu integrieren. Somit wird es Teil unseres bewussten Erfahrungsschatzes und greift uns nicht immer wieder an, weil wir es verdrängt oder in unser Unterbewusstsein verbannt hätten. Wie oft gärt es denn in uns, wenn wir ungeklärte Gefühle in uns tragen? Wie lange quält es uns? Nicht selten über eine lange Zeit.

Es grenzt in vielen Fällen an Selbstsabotage, wenn wir etwas Erlebtes nicht akzeptieren wollen. Wir bleiben dann in der Vergangenheit und der Demütigung hängen.

Ich habe es als sehr befreiend erlebt, nicht verzeihen zu müssen. Versuch es doch einmal selbst! Ein Partner hat dich betrogen, in der Schule wurdest du gehänselt, deine Eltern haben dich nicht so geliebt, wie du es gebraucht hättest, oder jemand hat dir sehr wehgetan. Stell dir vor, du erlaubst dir zu sagen, dass du das, was passiert ist, nie verzeihen wirst, denn das, was dir angetan wurde, war falsch und wird es immer bleiben. Du erkennst, dass genau dieser Teil der Erfahrung, wenn du Emotionen fühlst, immer irgendwie schlecht bleiben wird. Denn du nimmst es nun einfach so wahr, wie es war, und musst es nicht umbiegen. Obwohl es immer als Schmerzerfahrung in dir bleibt, beginnst du zu begreifen, dass es, obwohl es schlimm war, nun Teil der Vergangenheit ist und du es dort auch belassen kannst, und zwar als das, was es war. Du kannst das, was passiert ist, zwar nicht entsorgen, aber doch wie ein Buch im Regal stehen lassen. Es ist da, aber du brauchst es nicht immer wieder zu lesen. Das hat etwas Klärendes, nicht wahr?

In den Wandel kommen

Viele Jahre habe ich über die uns dominierenden Prozesse gebrütet und immer wieder Inspiration aus der Geistigen Welt erfahren, um ein mutigeres und selbstbestimmteres Leben zu führen. Die Zeit war dann irgendwann reif, die gewonnenen Erkenntnisse in komprimierter Form weiterzugeben.

Gerade jetzt sind viele auf der Suche nach einer neuen Form von Unterstützung, nach einem Halt, den sie aber, wie gesagt, nicht im Außen, sondern im Innen finden können. Wir sind alle irgendwie in unserem Leben ein wenig »aufgerieben« worden: wie ein Goldstück, das von einer dicken Erdkruste ummantelt war und jetzt, zumindest teilweise, freigerubbelt wurde. An genau dieser Stelle leuchtet nun ein Schimmer, den wir weiter erkunden möchten. Es kann sogar sein, dass wir durch Umwälzungen ein neues Leben beginnen sollten. Aber schon der Gedanke, dass wir uns in neue Gefilde vorwagen müssen, kann Ängste in uns aufkommen oder Blockaden entstehen lassen. Es mag sein, dass die Erfordernisse unserer nächsten Etappe wirklich schwierig sein werden und wir dabei ins Schnaufen kommen werden. Oftmals gründen unsere Ängste aber nur auf dem, was wir aus der Vergangenheit abgespeichert haben. Diese Erinnerungen werden in uns wiedererweckt, sobald eine Situation in der Lebensspirale auftaucht, die uns gewöhnlich etwas unkontrollierbar scheint. Die Gedankenmuster in uns, wie zum Beispiel die Erfahrungen aus der Vergangenheit, können nicht gelöscht, aber transformiert beziehungsweise umgewandelt werden. Ein faszinierendes Prinzip, auf das wir immer wieder zu sprechen kommen.

Wir wollen selbstbestimmt und bewusst sein. Also erkennen wir das an, was dazu benötigt wird, um es auch tatsächlich zu realisieren: Mut, Wille zur Veränderung, Eigenverantwortung und die Kraft, in den Wandel zu kommen.

Auf unserer Erkundungsreise suchen wir alle auch ein wenig Unterstützung. Wir merken, dass wir zum Teil zwar wunderbare Hilfe erhalten mögen. Und doch können wir es aber nicht einfach unserem Gegenüber überlassen, uns zu »retten«. Denn sobald wieder eine konkrete, ähnlich schwierige Situation oder Blockade auftaucht, werden wir unweigerlich auf uns zurückgeworfen. Und mittlerweile ist uns ja zudem bewusst geworden, dass wir uns am besten selbst helfen und sich ein grundlegender Wandel nur dann vollziehen kann, wenn wir in unserem Inneren die nötigen Schritte machen.

Der Prozess, für den wir uns öffnen, um Blockaden und Vergangenes zu lösen, sollte dabei nicht allzu starr sein. Deine Wünsche und Träume sollten wie auch das Loslassen von blockierenden Emotionen einen Raum bekommen, in dem sie von dir hin und her bewegt werden können, damit du sie neu betrachten und richtig einordnen beziehungsweise integrieren kannst. Dann siehst du sie mit der Zeit klarer.

Damit beginnt der Prozess, der sie in dir verändern kann. Dein Spirit Move erfordert zuerst einmal diesen Raum in dir. Dann erst bist du bereit für den nächsten Schritt auf deiner Erkenntnisreise.

Auf dieser Reise wirst du acht Schritte vollziehen, die dir helfen können, dich aus der Opferrolle zu befreien und langfristig in ein bewussteres, selbstbestimmteres Leben einzutauchen. Wenn du dich auf diesen neuen und freieren Weg begibst, wird dir dein Ego bestimmt kleine Fallen zu stellen versuchen. Solange du es aber schaffst, die Anbindung an das höhere und somit das kollektive Bewusstsein zu halten, wirst du trotz kleinerer Rückschläge immer wieder Schritt für Schritt vorankommen können.

Solch einen Spirit Move kann man manchmal auch ganz spontan erleben. Wenn die innere Sicht auf ein Problem wie von selbst klar wird und der Aha-Effekt eine Kettenreaktion in uns auslöst, sodass sich schnell vieles von allein bereinigt. Wir können diesen Move als etwas für uns Allumfassendes betrachten oder aber die acht Schritte jeweils für ein bestimmtes Thema oder eine Blockade anwenden. Ich persönlich nutze ihn auch immer wieder, wenn etwas Neues in meinem Leben auftaucht, was Klarheit erfordert. Er ist ein Begleiter, den ich zurate ziehen kann: Wenn ich mich auf ihn einlasse, hilft er mir zuverlässig, meinem inneren Kern zu folgen und passende Lösungen für mich zu finden.

Der Spirit Move macht mich bewusster, aber ich bin Mensch genug, um zu akzeptieren, dass er mich nicht immer davon abhalten kann, in schwierige Situationen zu geraten. Mein Leben hat im Grunde noch immer herausfordernde Züge. Diese sind jedoch ganz anders als die in meiner frühen Vergangenheit. Die heutigen Situationen fordern mehr Tiefgang und Feingefühl von mir. So werde ich also immer weiter »poliert«.

Auch für mich klingt es ein wenig eigenartig, aber manchmal ist es sogar fast schön, in eine herausfordernde Situation zu kommen. Auch wenn mein Ego dann manchmal verletzt, beleidigt oder voller Selbstmitleid ist. Mein Innerstes weiß mittlerweile, dass dann wieder eine Phase kommt, die mich für Neues stärken und noch bewusster machen wird. Schritt für Schritt.

Bist auch du bereit, an die Wurzeln deiner Probleme zu gehen und deine alten Verletzungen los- und heilen zu lassen? Nur mit Aufrichtigkeit dir selbst gegenüber kannst du beginnen, zuerst dein inneres und dann auch dein äußeres Leben zu sortieren, Dinge loszulassen, deine Sicht um andere Gesichtspunkte zu ergänzen und dann alles noch mal neu für dich zu ordnen. Die Zeit ist reif, die Wurzel deiner Probleme zu erkennen, sie zu hinterfragen und bewusst zu integrieren. Die Zeit ist reif, dass du selbst (anstelle deiner Verletzungen) die Kontrolle in dir übernimmst.

Die irdische Identifikation, die uns ummantelt, ist dominiert von einem allgegenwärtigen Ego, das ein offensichtlich wichtiger Teil dieser außergewöhnlichen Erfahrung ist. Wenn es darum ginge, bereits »erleuchtet« auf der Welt zu lustwandeln, dann hätten wir uns wohl nicht für genau diese Welt angemeldet. Jede Inkarnation fordert ihren Tribut, weil wir immer in irgendeiner Form vor Prüfungen gestellt sind. Zumindest empfinden wir das aus inkarnierter Perspektive so. Die Herausforderung besteht in der Polarität zwischen geistig-spirituellem Bewusstsein und den materiellen Bedürfnissen oder gar Zwängen. Beides darf und sollte sein, denn je mehr du dir etwas verbietest, desto mehr schreit dein Ego danach! Auch das kennen wir alle.

In den kommenden Etappen unseres Lebens geht es um unser persönliches neues Bewusstsein. Wir brauchen, wie gesagt, nicht dem Klischeebild eines über den Dingen schwebenden Gurus entsprechen. Eines Menschen, dem nichts etwas anhaben kann, der sich nicht mehr mit dem Menschsein, also auch der persönlichen Identifikation, identifiziert. Wir dürfen Gefühle haben, manchmal emotional oder nur aus Leidenschaft handeln. Denn das Leben will uns als lebendige Wesen erfahren. Es fordert uns immer wieder aufs Neue auf, Erfahrungen zu machen.

Ein Mensch, auf den ich erst vor Kurzem aufmerksam geworden bin und der 2019 in sein Zuhause in der Geistigen Welt zurückgekehrt ist, ist Richard Alpert, bekannter als »Guru« Ram Dass. (Ich habe ihn hier bereits zitiert, als zum ersten Mal vom »organischen Raumanzug« die Rede war.) Der US-amerikanische Professor für Psychologie und weltweit bekannte spirituelle Lehrer überlebte in den letzten Jahren seines irdischen Daseins einen Hirnschlag und war von da an körperlich stark beeinträchtigt. In einer der letzten Filmdokumentationen über ihn beschreibt er eindrücklich die spirituelle Bedeutung seines Schicksalsschlags. Er bezeichnete ihn als die größte Gnade Gottes, die er im Leben erfahren durfte. Die meisten würden einen solchen Schrecken mit desaströsem Langzeiteffekt alles andere als positiv, geschweige denn als eine Gnade bezeichnen. Der Mann, der auch durch seine Erfahrungen mit bewusstseinserweiternden Drogen an der Seite des als »Hippie-Guru« und »Hohepriester des LSD« bezeichneten Psychologen Timothy Leary bekannt wurde, zog die größte persönliche spirituelle Entwicklung aus diesem einen Schicksalsschlag. Er beschreibt es so, dass diese körperliche Beeinträchtigung ihn komplett auf sich zurückgeworfen habe. Dieser gab ihm die Möglichkeit, sich tiefer mit sich zu befassen, weil er von da an »gezwungenermaßen« wesentlich mehr Zeit mit sich verbrachte als je zuvor, als er noch international unterwegs war, Vorträge hielt und Seminare leitete.

Ein derart negatives Erlebnis für sich in etwas so Positives umzuwandeln, ist die hohe Schule im Umgang mit Schicksalsschlägen. Ein grandioser Spirit Move! Wenn wir es schaffen, einen solchen Schrecken in eine tiefer gehende spirituelle Erfahrung zu transformieren, dann kann uns nichts und niemand mehr etwas anhaben oder Angst machen. »Alles, was dich nicht umbringt, macht dich stark«, ist ein etwas angestaubter, aber nach wie vor richtiger Satz. Wenn wir es schaffen, bewusst Vergangenes oder aktuelles Leid in uns anzugehen, es anzunehmen, dann bildet dies eine Stärke und schafft im besten Fall Nähe zu uns und auch zu anderen. Es wappnet uns für alles, was auch immer auf uns zukommen mag.

Channeling-Botschaft an dich

Lebensmuster wollen von dir erkannt und in dein Bewusstsein integriert werden. Ein Kampf gegen sie wird nur zu Ohnmacht führen. Erkenne dein Wesen und beginne, über deine eigenen Muster hinauszuwachsen, indem du auch in unbequemen Momenten absolut ehrlich zu dir bist und sie wahrnimmst.

Der Spirit Move

Der innere Entwicklungsprozess des Spirit Move ist mehr als Selbsterkenntnis, es ist die Erkenntnis des Lebens und des Miteinanders. In der größten Krise und Not wird das Suchen und Finden der Kraft in uns ein wichtiger Anker sein, um nicht aufs wilde offene Meer hinauszutreiben.

Der Spirit Move beschreibt eine spirituelle Entwicklung und symbolisch eine Übung in acht Teilbereichen unseres Lebens. In jedem der folgenden acht Schritte gibt es eine »Inspirationsübung« für dich. Die exklusive Audiomeditation zur Übung »Glaube an dich« findest du hier: www.the-spirit-move.com

Alle diese Übungen haben das Ziel, dich bei dir ankommen zu lassen, damit du tiefer zum Kern deines Bewusstseins gelangst. Sie sind einfach gestaltet und können nach Belieben an dein aktuelles Thema angepasst und wiederholt werden. Du kannst sie dir selbst aufnehmen oder von jemandem vorlesen lassen, damit du sie wie eine geführte Meditation anhören kannst. Lass dabei zwischen den Sätzen immer ein wenig Zeit, damit du dich entspannt auf das Gesagte einlassen kannst.

Die Inspirationsübungen helfen dir, deinen Fokus in deinen inneren Kern eintauchen zu lassen und besser zu erkennen, was du brauchst und was du möchtest. Falls dabei zu viele Gedanken oder Gefühle gleichzeitig in dir hochkommen oder falls sie zu intensiv sein sollten, konzentriere dich immer wieder auf die Kontaktfläche zum Stuhl und das Abgeben deines Gewichts.

Beginne nun mit der Basis-Inspirationsübung, die als Grundlage dient, tief in dein Bewusstsein einzutauchen.

≋ Inspirationsübung: »Bei dir ankommen«

- Setz dich auf einen Stuhl oder Sessel, und schließe die Augen.
- Beginne, die Kontaktfläche deiner Beine zum Stuhl bewusst wahrzunehmen.
- Fühle das Gewicht deines Körpers, und gib es über die Kontaktfläche dem Stuhl ab.
- Beginne, das leichte Kribbeln in deinen Beinen und Füßen zu fühlen.
- Erweitere deine Wahrnehmung des Kribbelns auf deine Arme.
- Merke, wie das Kribbeln einem Pulsieren gleicht, das nun im ganzen Körper wahrnehmbar ist.
- Halte einen Moment inne, um in diesem Gefühl ganz bei dir anzukommen.
- Erlaube dir, ein subtiles Gefühl der Verbundenheit mit allem wahrzunehmen.
- Nimm nun wieder die Kontaktfläche deiner Beine und deines Gesäßes zum Stuhl bewusst wahr.
- Fühle das Gewicht deines Körpers, und lass den Kontakt zu deiner Energie noch ein wenig in dir nachklingen, bevor du deine Augen wieder öffnest.

Acht Schritte zu einem bewussteren Leben

Die acht Schritte im Spirit Move können dir helfen zu erkennen, was dich umtreibt, und dich unterstützen bei der Klärung dessen, was du wirklich brauchst. Falls du ein »Schnelldenker« bist, dann gesteh dir trotzdem zu, ganz in Ruhe an deinen eigenen Spirit Move heranzugehen. Für einen solch wichtigen Prozess solltest du es dir erlauben, dir Zeit zu geben, geduldig zu sein wie auch ehrlich und offen dir selbst gegenüber. Denn nur so öffnest du die Pforte zu deinem höheren Bewusstsein und schaffst eine Grundlage, um den jeweils richtigen nächsten Schritt in deinem Leben machen zu können.

Während du die einzelnen Etappen des Spirit Move durchläufst, darfst du dir sehr gern erlauben, die Schritte je nach Bedürfnis und individueller Relevanz unabhängig von der vorgefundenen Reihenfolge zu gehen. Je nachdem, was du aktuell am dringendsten brauchst, benötigst du unter Umständen von dem einen Schritt mal ein wenig mehr als von dem anderen. Welcher dich gerade am meisten triggert, wird dir beim Lesen wahrscheinlich recht schnell klarwerden oder du kannst es intuitiv herausfühlen. Ich habe Vertrauen in die Fähigkeiten, die in dir schlummern. Lerne, wenn du es nicht eh schon praktizierst, ab jetzt auf dein höheres Bewusstsein zu vertrauen. Es ist in deinem Kern, begleitet dich stets und besitzt die Kraft, alles mit dir gemeinsam zu meistern. Die Inspiration kann nun beginnen.

1. Aller Anfang ist Mut

Je länger wir in einem Rückzug aus einer niederschmettern-
den Situation verharren, desto schwerer wird es, eine neue
Perspektive für unser Leben zu erschaffen. Es kostet mit der
Zeit jedes Mal mehr Kraft, wieder Schritt für Schritt auf
dem Lebensweg voranzugehen.

Was, wenn man erkennen muss, dass man vielleicht in
der Vergangenheit einige faule Kompromisse gemacht hat?
Wenn man sich nicht eingestehen mag, dass man nicht
mehr zufrieden war mit einer Situation oder bestimmte
Menschen einfach nicht mehr um sich haben wollte?

Vieles erfordert Mut, und viele Menschen neigen dazu,
im Zweifelsfall einfach nichts zu tun, auch wenn sie unzufrieden, unglücklich oder gar in einer für sie fast gefährli-
chen Situation leben.

Wir scheuen den Aufwand und hoffen, dass sich irgendwie doch noch alles zum Guten wenden wird. Unrealisti-
sche Wunschprojektionen frustrieren zumeist, da man sie
erst recht nicht erfüllt bekommt.

Zudem meinen wir, dass von uns erwartet werde, dass
wir immer und überall gut funktionieren. Dieser stete
Leistungsdruck, kann dazu führen, dass wir nicht mehr
genug Kraft übrig haben, um für uns selbst da zu sein.
Wenn wir dann in einem wichtigen Bereich unseres Lebens
nicht schnell genug eine Besserung erzielen, führt das in
vielen Fällen dazu, dieses Defizit zu kompensieren, indem
wir mitunter unseren Produktkonsum (welcher Art auch
immer) steigern, was einen erheblichen finanziellen, aber
auch energetischen Aufwand bedeuten kann. Kurzfristig
mag es ja helfen bei der Ablenkung von dem, was uns quält,
es lenkt uns aber auch ab von dem, was wichtig für uns
wäre. Darüber hinaus führt es dazu, dass wir vermeint-

lich immer noch mehr leisten müssen. Ein wahrer Teufelskreis.

Irgendwann stehen wir dann an dem Punkt, an dem wir einsehen müssen, dass der erste wichtige Schritt für eine Veränderung in unserem Leben der Mut ist. Und zwar der, den wir für uns selbst aufbringen können. Denn um solch einem Kreislauf zu entkommen, hilft es in der Regel nur, ein gewisses Quäntchen Mut zu wagen, wieder an uns zu glauben und uns dadurch selbst zu vertrauen. Möglicherweise finden wir auch Hilfe, die wir in Anspruch nehmen könnten, um die Veränderung in unserem Leben zu stützen. Wenn wir zum Beispiel unsere Partnerschaft verlassen wollen, es aber aus Angst, nicht genügend finanzielle Mittel zur Verfügung zu haben, doch nicht tun, dann kann uns das ziemlich lange blockieren. Viele verändern deshalb nichts, weil sie meinen, nach der Veränderung finanziell nicht auf eigenen Beinen stehen zu können. In solch einer Situation empfiehlt es sich zu schauen, ob es neben den offensichtlichen Möglichkeiten auch noch andere Hilfsangebote im Umfeld gäbe, um die Folgen der Veränderung etwas abzufedern. Vielleicht könnte man ja vorübergehend bei einer guten Freundin oder einem Freund einziehen?

Wenn dies nicht das Hauptproblem ist, sondern vielmehr die Angst, dass unser Partner, wenn wir ihn verlassen, in ein emotionales Loch fallen könnte? Auch, wenn der oder die Betroffene körperlich oder emotional schon »angeschlagen« ist, könnten wir mitunter schauen, ob es neben den offiziellen Hilfsangeboten einen gemeinsamen Freund oder eine Freundin gibt, die den Ex-Partner emotional stützen können.

Wenn wir uns keine Unterstützung suchen, isolieren wir uns und finden zunächst vielleicht gar keine akzeptable

Lösung. Um Hilfe zu bitten bedeutet nicht, sich deswegen langfristig abhängig zu machen oder dadurch jemandem etwas schuldig zu sein. Solange wir solidarische Hilfe annehmen und dabei eigenverantwortlich handeln, werden wir stark genug sein, unabhängig zu bleiben.

Manchmal ist es einfach schwierig, überhaupt den Mut aufzubringen, Dinge im Leben zu hinterfragen. Das könnte nämlich ungünstigenfalls eine Kettenreaktion an Unsicherheiten in uns auslösen. Unser Leben aus einem neuen Blickwinkel zu betrachten kann unangenehm sein. Wir fürchten uns vor dem großen Berg, den es zu erklimmen gilt, weil wir nicht wissen, wie viel Energie und welchen Preis wir investieren müssen. Meist sehen wir alle Aufgaben gleichzeitig, wie auf einem Haufen, vor uns, die mit der Veränderung auf uns zukommen und von uns gestemmt werden müssen.

Falls dir das auch so oder so ähnlich geht, liste alle Bereiche auf, in denen du eine Veränderung vornehmen möchtest. Das verschafft dir einen ersten Überblick, und du kannst die Dinge nach Prioritäten sortieren. So kristallisiert sich heraus, in welcher Reihenfolge du die einzelnen Schritte, je nach Wichtigkeit, angehen kannst. Auch wenn dir manchmal jeder Schritt gleich wichtig erscheint, wirst du dennoch jeweils einen erkennen, auf dem du gut aufbauen kannst, wenn du ihn gemacht hast.

Widmen wir uns nun diesem ersten Schritt des Spirit Move! (Bitte beachte zu den Übungen auch die einleitenden Worte zur Inspirationsübung »Bei dir ankommen«.)

≋ Inspirationsübung: »Glaub an dich«

- Setz dich auf einen Stuhl oder Sessel, und schließe die Augen.
- Beginne, die Kontaktfläche deiner Beine zum Stuhl bewusst wahrzunehmen.
- Fühle das Gewicht deines Körpers, und gib es über die Kontaktfläche dem Stuhl ab.
- Beginne, das leichte Kribbeln in deinen Beinen und Füßen zu fühlen.
- Erweitere deine Wahrnehmung des Kribbelns auf deine Arme.
- Merke, wie das Kribbeln einem Pulsieren gleicht, das nun im ganzen Körper wahrnehmbar ist.
- Halte einen Moment inne, um mit diesem Gefühl bei dir anzukommen.
- Erlaube dir, ein subtiles Gefühl der Verbundenheit mit allem wahrzunehmen.
- Beginne, zu fühlen, dass du dich bis heute schon in ganz vielen Situationen selbst tragen konntest.
- Gib dir Anerkennung für alles, was du gemeistert hast.
- Lass den Fokus langsam wieder los.
- Nimm nun wieder die Kontaktfläche deiner Beine und deines Gesäßes zum Stuhl bewusst wahr.
- Fühle das Gewicht deines Körpers, und lass den Kontakt zu deiner Energie noch ein wenig in dir nachklingen, bevor du deine Augen wieder öffnest.

Sei zu Beginn geduldig mit dir. Auch wenn es dir noch schwerfällt oder du dich in puncto Selbstliebe noch ein wenig wacklig fühlst: Gib dir die Zeit und den Raum, die du brauchst, um vorwärtszukommen. Alle Probleme lassen sich irgendwann im entsprechenden aktiven Zeitfenster lösen, das du intuitiv erfassen wirst. Dann wird sich alles schneller entwickeln, als es vielleicht jetzt gerade möglich ist. Lass den Druck weichen, und erlaube dir, Schritt für Schritt in die Veränderung zu gehen.

In der Zwischenzeit bleibst du nicht einfach stehen, du trainierst den Zugang zu deinem innersten Kern. Dieser hat die Kraft, dich zu leiten und unglaublich zu stützen.

2. Der Raum zum selbstständigen Denken

Was denkst du: Wie viel von dem, was dich heute noch immer prägt, ist durch deine Erziehung, die Gesellschaft oder deine vergangenen Niederlagen bestimmt? Manchmal sind Prägungen und etablierte »Gewissheiten« gut, denn sie können uns durchaus vor neuen Gefahren schützen. Aber allzu oft hindern sie uns auch daran herauszufinden, wie wir unser Leben wirklich gestalten wollen. Sobald du den Mut gefasst hast, einen bewussteren Schritt vorwärtszumachen, ist es wichtig zu klären, welche Vorstellungen vom Leben und von deinen Rollen dich aktuell antreiben. Wie viele davon sind alte Glaubenssätze und Erwartungen, die eigentlich überkommen beziehungsweise überflüssig sind und dir nur den Blick verstellen? Sobald du sie identifiziert hast, kannst du nämlich prüfen, ob sie tatsächlich deinem Wesen entsprechen oder nicht. Es kann gut sein, dass sich in dir bereits vieles geändert hat, es aber noch nicht ganz an deine bewusstere Oberfläche gelangt ist. Genauso wie sich der Geschmack über die Jahre ändern kann, können sich auch deine Bedürfnisse verändert haben.

Beginne, in diesem Schritt, Prägungen und Ängste zu erkennen. Alle Erwartungen, die du an dich stellst: Stammen sie aus deiner aktuellen Situation oder sind es diejenigen deiner Eltern, Kinder, Arbeitgeber, Arbeitskollegen oder anderer? Passen die Rollen, die du spielst, jetzt noch in dein Leben oder hindern sie dich eher daran, dich weiterzuentwickeln? Was brauchst du für ein individuelles, aber auch gemeinschaftlich erfülltes Leben?

≋ Inspirationsübung: »Erkenne, wer du bist«

- Setz dich auf einen Stuhl, und schließe die Augen.
- Beginne, die Kontaktfläche deiner Beine zum Stuhl bewusst wahrzunehmen.
- Fühle das Gewicht deines Körpers, und gib es über die Kontaktfläche dem Stuhl ab.
- Beginne, das leichte Kribbeln in deinen Beinen und Füßen zu fühlen.
- Erweitere deine Wahrnehmung des Kribbelns auf deine Arme.
- Merke, wie das Kribbeln einem Pulsieren gleicht, das nun im ganzen Körper wahrnehmbar ist.
- Halte einen Moment inne, um in diesem Gefühl bei dir anzukommen.
- Erlaube deinem Bewusstsein, dir eine neutrale Sicht auf dich selbst zu geben, und fühle, wie du auf dich wirkst.
- Schau nun, welch einen Impuls (in Form eines Gefühls, inneren Bildes oder Symbols) es dir zu deiner Beeinflussung durch andere gibt.
- Überprüfe, welche Vorstellungen und Erwartungen anderer an dich du noch immer als deine eigenen akzeptierst.
- Ist der Raum, den du dir selbst gibst, groß genug, oder fühlst du dich eingeengt? Beginne jetzt, deinen Raum mit deinem

Bewusstsein und deinen Vorstellungen zu füllen und dabei die Vorstellungen anderer aus dir zu entlassen.

- Erlaube deinem inneren Kern, dich zu durchfluten.
- Beginne, zu fühlen, dass du ein Anrecht darauf hast, deine Rollen neu zu definieren und du zu sein.
- Fühle das Gewicht deines Körpers, und lasse den Kontakt zu deiner Energie noch ein wenig in dir nachklingen, bevor du deine Augen wieder öffnest.

Selbst, wenn du dir noch unsicher bist, was genau du im Leben brauchst und willst, tut es gut zu erkennen, was die Gesellschaft von dir erwartet und ob dies in positiver Resonanz mit deinen Bedürfnissen steht. Wenn auch nur subtil: Du beginnst, zu prüfen, ob du diese Anforderungen akzeptieren willst und sie weiterhin befriedigen möchtest. Was ist deine Perspektive auf dein Leben?

Wiederhole diesen Schritt, um unterschiedliche Erwartungen an dich zu prüfen. Du wirst ein Gefühl dafür entwickeln können, was noch stimmig ist und was du loslassen möchtest, um Neues in dir entstehen zu lassen.

3. Raus aus der Opferrolle

... und rein in die Eigenverantwortung und den Eigenwert! Da dieser Teil des Spirit Move sehr komplex ist, habe ich ihm bereits Aufmerksamkeit geschenkt. Egal, in welchem Bereich du dich vielleicht als Opfer fühlst: Die Gefühle, die du in dieser Rolle hast, sind immer sehr ähnlich. Man erlebt den Verlust des Selbstwertes und des Selbstvertrauens. Denn am Tiefpunkt dieser Rolle scheinen wir uns zeitweilig aufzugeben.

Oft führen übergriffige Beziehungen wie auch toxische Situationen, etwa in einer »Partnerschaft« zu sein, die nicht auf gegenseitigem Respekt basiert, oder in einem Job zu stecken, in dem man gemobbt wird, zu einem unheilvollen Strudel, aus dem wir uns regelrecht freikämpfen müssen. In diesem Strudel sind wir sehr frustriert, fühlen uns wie gelähmt, und wir quälen uns vielleicht schon lange hindurch. Meist warten wir darauf, dass sich die Situation von selbst verändert, ohne dass wir eine Situation oder jemanden verlassen müssten.

In Beziehungen lassen wir uns beispielsweise oft durch unsere Fähigkeit, das Potenzial im Gegenüber zu sehen, zu lange dazu verleiten, Dinge zu akzeptieren, die uns gar nicht guttun. Wir verharren dabei oft in der Nostalgie: Zu Beginn der Beziehung war alles so schön, und man weiß ja (vermeintlich), dass er oder sie doch ein so wunderbarer Mensch sein kann. Wir lassen immer wieder Schlimmes über uns ergehen, weil wir hoffen, dass sich der Umgang miteinander oder auch der Mensch doch eines Tages wieder ändern wird. Wenn wir dann stets aufs Neue enttäuscht werden, verstricken wir uns immer mehr in der Opferhaltung, weil wir doch eigentlich diejenigen sein wollen, um die man sich kümmert. Vielleicht sehen wir auch, dass wir vieles getan haben, um Liebe zu erhalten, um dem Gegenüber zu gefallen. Möglicherweise zu viel? Es mag sein, dass sich in all diesen Situationen niemand an unsere Seite gesellt und ein Stückweit mit für uns verantwortlich fühlt, weil wir immer gekämpft haben und als stark erscheinen. Dann hat genau das unter Umständen dazu geführt, dass die Dynamik in uns gekippt ist und wir in die gegenteilige Rolle gerutscht sind: in die des Bedürftigen, des Opfers.

Leider setzt jedoch genau das eine regelrechte Selbstsabotage in Gang. Die Opferrolle kann zum Beispiel ein Muster mit bestimmten kontraproduktiven Glaubenssätzen und entsprechend verhängnisvollen Resonanzvorlieben in unserer Lebensmusterspirale erzeugen. Wie etwa: Wir erfahren Liebe durch Abneigung, im schlimmsten Fall durch Gewalt. Deshalb lohnt es sich, genau hinzuschauen, um unsere aktuellen Rollen zu erkennen und so auch damit beginnen zu können, sie nötigenfalls zu verlassen. Langfristig kann uns niemand etwas aufzwingen. Daher können wir uns fragen: Bis zu welchem Grad sind wir vielleicht selbst manchmal noch verantwortlich für die Opferrolle, in der wir stecken?

≋ Inspirationsübung: »Erkenne deine Opferrolle«

- Setz dich auf einen Stuhl, und schließe die Augen.
- Beginne, die Kontaktfläche deiner Beine zum Stuhl bewusst wahrzunehmen.
- Fühle das Gewicht deines Körpers, und gib es über die Kontaktfläche dem Stuhl ab.
- Beginne, das leichte Kribbeln in deinen Beinen und Füßen zu fühlen.
- Erweitere deine Wahrnehmung des Kribbelns auf deine Arme.
- Merke, wie das Kribbeln einem Pulsieren gleicht, das nun im ganzen Körper wahrnehmbar ist.
- Halte einen Moment inne, um in diesem Gefühl ganz bei dir anzukommen.
- Erlaube deinem Bewusstsein, dir einen Impuls in Form eines Gefühls oder inneren Symbols aufzuzeigen, um zu zeigen, in welchem Bereich du als Opfer verletzt wurdest.

- Fühle, ob dies eine Verletzung ist, die immer wieder von allein auftaucht.
- Fühle, ob du dich vielleicht zeitweilig selbst in diese Lage gebracht hast, weil du dich fallen lassen wolltest oder aus einem anderen Grund.
- Denkst du, dass du noch immer das Opfer sein musst oder willst? Oder fühlst du, dass diese Rolle eine alte ist, die du unnötigerweise mit dir herumschleppst und gehen lassen kannst?
- Stärke dich durch deine Urkraft in dir, indem du die tiefe Verbindung zu deinem inneren Kern wirken lässt.
- Nimm nun wieder die Kontaktfläche deiner Beine und deines Gesäßes zum Stuhl bewusst wahr.
- Fühle das Gewicht deines Körpers, und lasse den Kontakt zu deiner Energie noch ein wenig in dir nachklingen, bevor du deine Augen wieder öffnest.

4. Neue Perspektiven

Du erhältst nun im einem nächsten Schritt die Möglichkeit, eine neue, klarere Sicht auf dein Leben zu erhalten, indem du die Situation oder zwischenmenschliche Beziehung und deine Rollen darin mit etwas mehr Abstand betrachtest. Nun geht es darum, den Mut aufzubringen, auch die Perspektive deines Gegenübers (»des Täters«) wahrzunehmen und dich möglichst »neutral« darauf einzulassen. Diese Perspektivenarbeit ermöglicht es dir, die Situation, in der du steckst, von einer übergeordneten Position aus zu sehen und zu erfühlen. Sodass du sie nicht mehr nur aus dem eingeengten Blickwinkel, aus deiner Brille heraus siehst, sondern sozusagen wie ein außenstehender Beobachter des

Ganzen. Diese übergeordnete Perspektive hilft dir, dich zumindest kurzfristig vom Ego (das vielleicht verletzt ist) zu lösen und dich auch neugieriger und offener für die Situation als Ganzes zu machen. So kann sich eine Veränderung deiner Position in das Gesamtgefüge einbinden lassen, wodurch du mehr Bewegungsfreiheit, Diplomatie und Kontrolle gewinnst.

Ziel der Perspektivenarbeit ist es also, Verhalten aus alten Verletzungen, der Opferrolle oder reinem Egoverhalten in etwas Neues und Positives umzuwandeln. Es geht darum, resilienter zu werden, indem wir durch »neutrales« Bewusstwerden der Situation (die eigene Perspektive realistischer sowie die Perspektive des anderen auch sehen können) emotionale Überlagerungen transformieren und die Selbstverantwortung und Verantwortung des Gegenübers erkennen.

Es geht um das Erkennen der Situation und deiner Verstrickungen. Welche Themen hängen alle damit zusammen? Was gehört dazu, was nicht? Die Dichte an Emotionen gilt es auseinanderzunehmen und zu sortieren. Was gehört in welche Zeit, wohin und zu wem? So verschaffst du dir einen guten Überblick über dein aufgewühltes Innerstes. Denn allzu oft erleben wir eine emotionale Kettenreaktion, die unser System überlastet, ohne die Dinge auseinanderzuhalten.

Hier ein kurzes Beispiel der Gedankenschleife einer Frau, die verlassen wurde: »Er hat mich sitzen lassen. Aber unsere Liebe ist doch so tief. Er hat damals versprochen, dass er zu mir zieht, aber mich immer auf die Wartebank gesetzt, er bräuchte einfach mehr Zeit. Er hat eine Neue kennengelernt und ist mit ihr sofort zusammengezogen. Ich will nicht, dass er glücklich wird, er hat es nicht verdient, ich bin jetzt dran. Bin ich nicht gut genug, um aufrichtig geliebt zu werden? Warum ist sie besser, bin ich etwa so schlecht …?«

Wenn wir solch einen emotionalen inneren Strudel durchleben, ist es wichtig, dass wir unsere eigene Verletzung einzuordnen lernen: Ist sie gerade erst neu entstanden oder haben wir schon des Öfteren ähnliche Verletzungen erfahren. Wird also das, was wir jetzt erleben, von den vergangenen Verletzungen genährt und wirkt es vielleicht stärker in uns als eigentlich nötig?

An das obige Beispiel anknüpfend, wollen wir jemand anderen manchmal nur, weil unser Ego nicht verletzt werden will. Wir sehnen uns dann auch oft nach jemandem, den wir im Grunde eigentlich gar nicht wollen. Eigenartig, nicht wahr? Im Nachhinein fühlen wir, dass uns diese Person gar nicht gut getan hat, und schämen uns vielleicht sogar rückblickend, dass wir um diesen Menschen überhaupt gekämpft haben.

Wenn wir die Perspektive unseres Gegenübers erkennen wollen, geht es also keineswegs darum, dessen schlechtes Verhalten zu entschuldigen. Wir wollen dabei aus möglichst »neutraler« Sicht die Beweg- und Hintergründe seines Verhaltens verstehen. Ziel ist es also, uns durch Abgrenzung zu stärken. Schon allein durch das »neutrale« (nicht das duldende!) Verständnis der Situation beginnst du, sie ganzheitlicher, klarer und freier von dich beherrschenden Gefühlen betrachten zu können. Indem du deine emotionalen Reaktionen entschärfst, bietest du weniger Angriffsfläche, auch für Selbstvorwürfe! Denn der einzige Mensch, der unter alledem leidet, bist wahrscheinlich du selbst. Befreie dich davon, und gib deinem Peiniger keine Chance, dich unnötig länger zu quälen.

≋ Inspirationsübung: »Neue Perspektiven einnehmen«

- Setz dich auf einen Stuhl oder Sessel, und schließe die Augen.
- Beginne, die Kontaktfläche deiner Beine zum Stuhl bewusst wahrzunehmen.
- Fühle das Gewicht deines Körpers, und gib es über die Kontaktfläche dem Stuhl ab.
- Beginne, das leichte Kribbeln in deinen Beinen und Füßen zu fühlen.
- Erweitere deine Wahrnehmung des Kribbelns auf deine Arme.
- Bemerke, wie das Kribbeln einem Pulsieren gleicht, das nun im ganzen Körper wahrnehmbar ist.
- Halte einen Moment lang inne, um in diesem Gefühl bei dir anzukommen.
- Visualisiere die Situation mit dem Menschen, in der du gerade steckst und in der du dich nicht wohlfühlst. Nimm deine Gefühle bewusst wahr, und beobachte dich selbst in dieser Situation.
- Versuche, in eine neutrale Perspektive einzutauchen. Bitte dein Bewusstsein, dich in die Position des Beobachters zu versetzen.
- Von diesem Ausgangspunkt tauchst du nun in die Situation deines »Gegenübers« ein. Du willst durch seine Augen sehen, in seinen Schuhen stehen, um zu fühlen, was seine Befindlichkeiten und Beweggründe sind.
- Erkenne, dass auch das Gegenüber viele Bedürftigkeiten oder alten Verletzungen mit sich herumschleppt, die dessen Verhalten dir gegenüber beeinflussen.
- Gibt es etwas, was du für dich aus der Situation, die du mit

ihm erlebt hast, als positive Lehre ziehen kannst? Wo wirst du dich dazu auffordern, stärker zu werden?

- Visualisiere ein Band zwischen euch, das wie ein Kanal oder Fluss funktioniert, und lass es in deiner Vorstellung schrumpfen, und zwar so stark, bis es schließlich vollständig von dir abfällt.
- In Gedanken sendest du nun folgende Affirmation aus: »Ich übernehme Verantwortung für das, was zu mir gehört, und überlasse dir die Verantwortung für das, was zu dir gehört.«
- Nimm deinen Fokus wieder zurück zu dir.
- Fühle das Gewicht deines Körpers, und lasse den Kontakt zu deiner Energie noch ein wenig in dir nachklingen, bevor du deine Augen wieder öffnest.

So erkennst du, warum dein Gegenüber bestimmte Dinge tut oder getan hat. Möglicherweise aus Böswilligkeit, aber vielleicht auch einfach nur Unfähigkeit oder aufgrund eigener Verletzungen? Wie auch immer: Wenn du erkennst, dass dir jemand oder etwas grundlegend nicht guttut, dann betrachte das aus dieser Perspektive. So kannst du diesen Menschen oder diese Situation bei allem Schmerz leichter gehen lassen. Du bist verantwortlich für dich, und dein Gegenüber ist es für sich.

Die Problematik ist natürlich etwas komplexer, wenn es sich bei dem Gegenüber um ein Kind bis zu einem gewissen Alter handelt. Das kannst du nicht einfach »gehen lassen«, weil es schon von Gesetzes wegen deines Schutzes bedarf. In solchen komplexeren Fällen sollte man sich, je nach Notlage, um individuellen professionellen Rat und die erforderliche Unterstützung kümmern.

5. Die Befreiung aus deinen eigenen Fesseln

Mit den bisherigen Schritten hast du bereits viel Klarheit in dir geschaffen und erste Blockaden und Fesseln gelöst. Jetzt ist es an der Zeit, noch tiefer in den Bereich vorzudringen, in dem deine Wünsche und Bedürfnisse bewahrt werden und Strukturen in dir, die dich davon abhalten, ganz du selbst zu sein. Jetzt gibst du dir die Erlaubnis, wirklich zu dem zu stehen, was du möchtest.

Vielleicht verunsichert dich das noch ein bisschen, dir vorzustellen, deinen Bedürfnissen künftig mehr Raum zu geben. Du weißt aber mittlerweile auch, dass du den nötigen Mut in dir aufbringen kannst, um deine Einzigartigkeit zu erforschen. Und die einzige Person, der du jemals etwas beweisen musst, bist du selbst!

≋ Inspirationsübung: »Dich von deinen eigenen Fesseln befreien«

- Setz dich auf einen Stuhl oder Sessel, und schließe die Augen.
- Beginne, die Kontaktfläche deiner Beine zum Stuhl bewusst wahrzunehmen.
- Fühle das Gewicht deines Körpers, und gib es über die Kontaktfläche dem Stuhl ab.
- Beginne, das leichte Kribbeln in deinen Beinen und Füßen zu fühlen.
- Erweitere deine Wahrnehmung des Kribbelns auf deine Arme.
- Du merkst, wie das Kribbeln einem Pulsieren gleicht, das nun im ganzen Körper wahrnehmbar ist.
- Halte einen Moment inne, um in diesem Gefühl ganz bei dir anzukommen.

- Bitte dein Bewusstsein, dir ein Gefühl oder eine Situation aufzuzeigen, in dem/der du dich selbst begrenzt, du dir selbst etwas nicht zugestehst.
- Beobachte dies, und werde dir bewusst, dass du jetzt bereit bist, deine eigene Fessel abzulegen.
- Visualisiere dir die Fessel, leg sie nieder und dann begrab sie symbolisch in der Erde. Die Erde kann sie als Energie umwandeln und für sich nutzen.
- Lass durch deinen inneren Kern Licht in deinen ganzen Körper strömen, sodass der Bereich, der gefesselt war, mit Licht durchflutet und gestärkt wird.
- Fühle nun das Gewicht deines Körpers, und lasse den Kontakt zu deiner Energie noch ein wenig in dir nachklingen, bevor du deine Augen wieder öffnest.

Es kann durchaus sein, dass du, je mehr du dich so mit dir beschäftigst, unterschiedliche Fesseln erkennst. Falls dies geschieht, dann bleib entspannt und geduldig in deinem inneren Prozess. Es gibt viele unterschiedliche Elemente in uns, durch die wir uns oft selbst blockieren und limitieren. Wir unterstützen das Leben, das uns Schicht für Schicht schält, indem wir diesen Prozess selbst immer wieder ankurbeln, tiefer und tiefer in unser Wesen eintauchen und die aufkommenden Hindernisse überwinden.

6. Dein Bedürfnis-Update

Nachdem du nun bereits einige alte Schichten abgelegt hast, ist es nun an der Zeit, weitere materielle und emotionale Bedürfnisse richtig wahrzunehmen und abzuschätzen. Die langfristige Zeitqualität eröffnet dir jetzt dazu ungeahnte Möglichkeiten. Immer wieder aufs Neue wird es dir nun gelingen, einen schmalen leuchtenden Streifen am Horizont zu sehen, der erahnen lässt, wie sich dein Leben im Einklang mit den Anforderungen der irdischen und deiner spirituellen Bedürfnisse meistern lässt. Wenn du nun weiterhin eine Fessel nach der anderen löst und eine Neuausrichtung für dich herbeiführst, dann ist es förderlich, auch zu wissen, wohin du eigentlich gehen willst und was du wirklich dafür brauchst.

Das menschliche Ego verlangt naturgemäß immer mehr, so ist es einfach gestrickt: mehr Liebe, mehr Aufmerksamkeit, mehr Anerkennung, mehr Geld. Doch was von alldem und in welchem Maße brauchen wir? Was davon tut uns wirklich gut?

Weder das Ego zu verdammen, noch der Versuch, es auszulöschen, noch die Entscheidung, es einfach frei schalten und walten zu lassen, hat dabei Sinn. In die richtige Bahn gelenkt und wenn gewisse wichtige Bedürfnisse gestillt sind, kann es uns deutlich besser dienen.

Während unseres persönlichen Sprit Moves werden wir immer wieder dazu aufgefordert, neue Updates zu machen, um zu erkennen, was wir wirklich brauchen. Prüfe, ob Bedürfnisse, die dich motivieren, tatsächlich noch aktuell für dich sind oder nur aus einer unbewussten Routine oder aus veralteten Bedürftigkeiten bestehen. Du kannst jetzt Etappe um Etappe prüfen, welche treibende Kraft dich wirklich fördert und welche dich vielleicht sogar daran hindert, glücklich und frei zu sein.

≋ Inspirationsübung: »Konfrontation mit Notwendigkeiten im Leben«

- Setz dich auf einen Stuhl oder Sessel, und schließe die Augen.
- Beginne, die Kontaktfläche deiner Beine zum Stuhl bewusst wahrzunehmen.
- Fühle das Gewicht deines Körpers, und gib es über die Kontaktfläche dem Stuhl ab.
- Beginne, das leichte Kribbeln in deinen Beinen und Füßen zu fühlen.
- Erweitere deine Wahrnehmung des Kribbelns auf deine Arme.
- Merke nun, wie das Kribbeln einem Pulsieren gleicht, das nun im ganzen Körper wahrnehmbar ist.
- Halte einen Moment inne, um in diesem Gefühl ganz bei dir anzukommen.
- Erlaube deinem Bewusstsein, dir jetzt innere Impulse zu geben, die deine Bedürfnisse triggern. Gibt es »Vorbilder« wie dein(e) Partner(in), Arbeitgeber, Familie oder auch Social Media, die dich in deinen Bedürfnissen beeinflussen?
- Was ist dir wirklich wichtig, wie viel Sicherheit brauchst du, ohne dass sie dich einengt, sondern so, dass sie dir Bewegungsfreiheit erlaubt?
- Ist das, was du zu wollen glaubst, noch immer aktuell oder ein Bedürfnis aus der Vergangenheit?
- Was befriedigt dich auf einer grundlegenden Ebene? Liebe zu geben, geliebt zu werden, das Leben kreativ zu gestalten oder Dinge zu erschaffen?
- Erlaube dir, die Kraft deiner wahren Bedürfnisse zu erkennen.
- Erlaube dieser Kraft, sich entfalten zu lassen.

- Fühle das Gewicht deines Körpers, und lasse den Kontakt zu deiner Energie noch ein wenig in dir nachklingen, bevor du deine Augen wieder öffnest.

Auch wenn wir diesen Schritt öfters machen, werden wir immer wieder erkennen, dass wir gewisse Bedürfnisse tatsächlich nur noch in einer alten Version mit uns herumschleppen. Dass sie aus einer anderen Lebenssituation heraus entstanden sind und wir nun längst ganz andere Bedürfnisse haben, die durch die alten aber immer noch überlagert werden.

Wenn wir unser Bedürfnis-Update machen und sich dadurch unser Fokus verändert, kann es sein, dass die Menschen in unserem Umfeld erst einmal etwas verunsichert darauf reagieren. Weil sie es nicht gewohnt sind, dass wir nun etwas anderes im Leben brauchen und einfordern. Es zwingt manche unserer Mitmenschen, vor allem diejenigen, die mit diesen Bedürfnissen verbunden waren, vielleicht ebenfalls dazu, etwas zu ändern. Wenn sie das dann nicht tun, kann dies durchaus zu Spannungen führen, weil wir plötzlich in einem für sie unbequemen Verhältnis zueinander stehen. Wir können ihnen natürlich erklären, was sich für uns verändert hat, müssen aber bei Weitem nicht auch noch die Verantwortung für ihren Teil übernehmen, wenn sie ihn nicht wahrnehmen wollen oder können.

7. Erkenne deinen spirituellen Auftrag

Manchmal haben wir bereits ein Gefühl dafür oder eine leise Ahnung, was der Sinn und Zweck unserer Entwicklung sein könnte. Manchmal stehen wir aber auch vor einem riesigen Berg und wissen nicht, wie wir all den Erwartungen gerecht werden können. Vielleicht denken wir auch, wir müssten etwas ganz Außergewöhnliches oder Besonderes in unserem Leben leisten, damit ein höherer Sinn erfüllt wird.

Jede Lebensphase, in die wir eintauchen, hat ihre eigenen Qualitäten und ist bereits ein wichtiger Teil des Lebensplans. Der Sinn gewisser Abschnitte mag wohl Zusammenhänge zum großen Ganzen erkennen lassen, manchmal sind es aber auch einzelne, in sich geschlossene Erfahrungen, in denen wir eine Entwicklung vollziehen können.

Viele assoziieren mit dem Sinn des Lebens die Erfüllung einer bestimmten Aufgabe. Manchmal haben wir durchaus in speziellen Lebensabschnitten bestimmte Aufgaben beziehungsweise einen Auftrag. Es ist aber auch ziemlich befreiend, wenn wir erkennen, dass wir mit dem Fokus auf das »Uns-Entwickeln« bereits eine erste große Hauptaufgabe erfüllen.

Daher ist es durchaus sinnvoll, uns erst einmal immer auf die jeweils anstehende Etappe zu konzentrieren. Auch wenn du zum Beispiel große Pläne hast, dich selbstständig machen willst, eine Familie gründen möchtest oder Ähnliches, wirst du zwar auch gern gleich mehrere Fortschritte auf einmal sehen wollen. Einen groben Überblick über das künftig Geschehende zu haben, ist durchaus sinnvoll. Wenn es aber nicht möglich ist, so weit nach vorn zu blicken, dann geh einfach Schritt für Schritt das an, was du jeweils als richtig und wichtig erachtest.

Die Lebensaufgabe ist der gesamte Prozess der einzelnen Etappen, die du hier auf Erden durchläufst. Auch wenn du gerade nichts Außergewöhnliches in der aktuellen Situation siehst oder »tust«, nimmst du bereits teil an der Erfüllung eines größeren Sinns im Leben. Je nachdem, welche Rollen in deinem Leben gerade wichtig sind, werden sich die Aufgaben immer wieder neu verteilen. Manchmal durchschreitet man auch eine Ebene, die überwunden werden muss, obwohl man das Gefühl hat, es geht danach nicht wirklich weiter. Zuweilen reicht es auch, »einfach« zu versuchen, »ein guter Mensch zu sein«, um am Ende sagen zu können: »Ich habe den Auftrag erfüllt.«

Manchmal setzen wir uns mit dem Suchen und Finden der Lebensaufgabe so unter Druck, dass wir meinen, jeden Bereich unbedingt ausfüllen zu müssen, der uns nur in den Sinn kommt. So sehr, dass wir der einen Aufgabe, um die es eigentlich ginge, plötzlich nicht mehr gerecht werden, weil wir sie nicht mehr wahrnehmen. Unser innerer Kern kann uns besonders in komplexen Situationen ein grandioser ruhender und wegweisender Pol sein, etwa wenn wir denken: »Ich muss zu viele Anforderungen gleichzeitig befriedigen.« Gerade weil wir in diesen überforderten Momenten irgendwie die Bodenhaftung zu verlieren drohen, tut es ganz gut, die Gedankenspiralen kurzfristig gehen zu lassen und sich auf das Wesentliche zu besinnen.

Um einen nächsten Auftrag zu erkennen und ihn zu meistern, kann es dir helfen, das Gefühl der Hingabe in dir neu zum Leben zu erwecken. Wann hast du das letzte Mal etwas wirklich hingebungsvoll gemacht? Wenn du merkst, dass es dir manchmal schwerfällt, dann beginne zuerst einmal, Situationen, die dir ohnehin gefallen, mit noch mehr Hingabe zu begegnen. Hingabe ist etwas, dem man in unserer Zeit oft fast keinen Raum mehr gibt. Dabei entstünde durch unsere Hingabe im Tun etwas in uns, das uns die Lust auf unser Leben und somit den Auftrag stärken könnte. Darüber hinaus schenken uns hingebungsvolle Momente auch Dankbarkeit für das, was wir gerade tun.

Dieses hingebungsvolle Tun hat einen sehr meditativen Effekt auf uns, was das bewusste Wahrnehmen des Hier und Jetzt noch unterstützt. Wir gehen ganz in einer Tätigkeit auf, kommen sozusagen in den »Flow« oder »Fluss«. Um die aktuelle Lebensaufgabe zu erkennen, ist es von Vorteil, ab und an einen meditativen und bewussten Zugang zum Hier und Jetzt zu finden.

≋ Inspirationsübung: »Dein aktueller Auftrag«

- Setz dich auf einen Stuhl oder Sessel, und schließe die Augen.
- Beginne, die Kontaktfläche deiner Beine zum Stuhl bewusst wahrzunehmen.
- Fühle das Gewicht deines Körpers, und gib es über die Kontaktfläche dem Stuhl ab.
- Beginne, das leichte Kribbeln in deinen Beinen und Füßen zu fühlen.
- Erweitere deine Wahrnehmung des Kribbelns auf deine Arme.
- Merke, wie das Kribbeln einem Pulsieren gleicht, das nun im ganzen Körper wahrnehmbar ist.
- Halt einen Moment inne, um in diesem Gefühl bei dir anzukommen.
- Bitte dein Bewusstsein, dir einen Impuls in Form eines Gefühls oder inneren Symbols für deinen nächsten Auftrag, die nächste Lebensetappe zu geben.
- Erfühle die Lebensbereiche, auf die du dich bei der jetzigen Aufgabe mehr konzentrieren solltest.
- Bitte dein Bewusstsein, dir eine Idee zu deiner Aufgabe im gezeigten Bereich zu vermitteln.

- Erfühle, ob du diese Aufgabe allein oder mithilfe anderer meisterst. Wer könnte das sein, und kommt die Hilfe von allein oder darfst du um sie bitten?
- Leite deinen Fokus in deinen inneren Kern, und lass ihn dir weitere Hilfestellungen zu deiner aktuellen Aufgabe geben.
- Fühle das Gewicht deines Körpers, und lasse den Kontakt zu deiner Energie noch ein wenig in dir nachklingen, bevor du deine Augen wieder öffnest.

Diese Visualisation kannst du für unterschiedliche Aufgaben oder in Zeiten durchführen, in denen du unsicher bist. Du schöpfst dabei Inspiration und auch konkrete Hilfe aus deinem Bewusstsein. Nicht selten wirst du dann gewissermaßen wie nebenbei auch zum größeren Lebensplan einen Zugang fühlen können, der dich mitunter weiter zu inspirieren vermag. Falls er sich nicht weiter erschließen sollte, bleib einfach weiter bei deinen aktuellen Aufgaben oder Aufträgen und vor allem im Hier und Jetzt. Gern auch gemäß der Weisheit »Der Weg ist das Ziel.«

8. Tauche ein in das kollektive Bewusstsein

Wie ich in meinem ersten Buch schon beschrieben habe, ist das kollektive Bewusstsein ein Bewusstsein aller Seelen, das uns »Erdenmenschen« mit einschließt – eine Intelligenz, die mit unserem Lebensplan beziehungsweise unserem Schicksal verbunden ist. Manchmal nenne ich sie auch einfach nur »das Kollektiv«.

Du bist als Seele ein wichtiger Teil der Menschheit, die einen Zusammenschluss als ein großes kollektives Bewusstsein darstellt. Nicht nur auf der spirituellen Ebene, sondern auch beispielsweise im sozialen, ökologischen und ökonomischen Sinne, und das global. Wir sind alle allein, und doch gemeinsam hier und leben in gegenseitiger Abhängigkeit. Es gibt Zeiten, da fühlt sich das ganz wunderbar an, und manchmal empfinden wir es als lästig. Die Polarität, in der wir leben, ist immer herausfordernd. Wir lernen durch sie aber stets aufs Neue, ein Gleichgewicht zwischen den Bedürfnissen zu schaffen.

Der gemeinsame Weg, das gemeinsame Teilen und die gegenseitige Anerkennung sind die Schlüssel zum Erfolg. Wenn wir lernen, bewusst ein Selbst-Update zu machen, dann wird uns bewusst, dass wir im Grunde alle materiell und emotional genug haben, um es uns und anderen gut gehen zu lassen. Wir erkennen, dass die Erde wundervolle Ressourcen für uns alle bereithält, die wir nachhaltig nutzen dürfen, und dass es jetzt an uns liegt, uns als Gemeinschaft im Sinne der Verteilungsgerechtigkeit gegenseitig zu fördern. Denn, nur auf Kosten anderer Besitz anzuhäufen, nur vermeintlich geliebt zu werden, aber selbst nicht wirklich zu lieben, macht uns nicht glücklich. Vielleicht vermag es vordergründig das Ego zu befriedigen, aber nicht unsere Seele. Wenn wir im Überfluss sind und dennoch die Gier nach immer mehr verlangt, werden wir und auch andere Menschen langfristig darunter leiden. Entweder körperlich, geistig oder seelisch. Denn wir, das sind nicht einfach nur du oder ich, das sind wir alle gemeinsam.

Nutzen wir die unglaubliche Liebe und Kraft, die wir alle in uns tragen, um uns als Kollektiv zu sehen. Du weißt, dass du die Seelenkraft besitzt, du weißt, dass du ein sensationeller Mensch bist, der viel Liebe annehmen und sie auch an andere weitergeben kann. Du bist die Kraft und die Inspiration, um das Leben Schritt für Schritt zu meistern.

≋ Inspirationsübung: »Du und das Kollektiv«

- Setz dich auf einen Stuhl oder Sessel, und schließe die Augen.
- Beginne, die Kontaktfläche deiner Beine zum Stuhl bewusst wahrzunehmen.
- Fühle das Gewicht deines Körpers, und gib es über die Kontaktfläche dem Stuhl ab.
- Beginne, das leichte Kribbeln in deinen Beinen und Füßen zu fühlen.
- Erweitere deine Wahrnehmung des Kribbelns auf deine Arme.
- Spüre, dass das Kribbeln einem Pulsieren gleicht, das nun im ganzen Körper wahrnehmbar ist.
- Halte einen Moment inne, um in diesem Gefühl bei dir anzukommen.
- Bitte deinen inneren Kern, dich mit dem kollektiven Bewusstsein zu verbinden.
- Nimm dir genügend Zeit, um zu fühlen, wie du ein Teil von diesem großen Zusammenschluss der Seelen bist, und tauche tiefer in ihn ein.
- Wie zeigt sich dieser alles umfassende Seelenpool? Merkst du ganz subtil, wie du schon immer mit ihm verbunden warst?
- Fühle die Kraft, die dir dieses Kollektiv schenkt, indem es dir stets den Rücken stärkt.
- Erkenne, wie klein und dennoch groß dein Teil in ihm ist. Das Kollektiv ist genauso stark in dir präsent wie das, was du als Individuum in dir fühlst. Erkenne, dass du mit all deinen Rollen und Aufgaben ein wichtiger Teil der großen und ganzen Erfahrung bist.
- Genieße diesen Zustand, bevor dein Fokus sich von ihm wieder ablöst.

- Fühle das Gewicht deines Körpers, und lasse den Kontakt zu deiner Energie noch ein wenig in dir nachklingen, bevor du deine Augen wieder öffnest.

Wiederhole diese Übung, um dir deiner kollektiven Verbindung bewusst zu werden, um sie auch im täglichen Leben bald immer schneller und klarer wahrnehmen zu können. So wirst du stets das Gefühl haben, dass du begleitet und geleitet wirst. Mit der Zeit, oder vielleicht auch schon von Anfang an, wirst du Botschaften aus dem Kollektiv erhalten: Hinweise zu deinem Lebensplan genauso wie Hilfestellungen, die du zum Beispiel als Ermutigung oder Warnhinweis verstehen kannst. Du bist, wenn du diesen Zugang zulässt, mit einem tiefen Wissen verbunden und wirst geführt. Du besitzt Verantwortung, erhältst aber gleichzeitig Inspiration, die dich leitet.

Sobald du spürst, dass du mit dem höheren kollektiven Bewusstsein verbunden bist, weißt du, dass alles, was geschieht, und alles, was noch kommt, einem Plan folgt. Du begreifst, dass du Teil des Ganzen bist und dass das Kollektiv mit dir und durch dich wirkt. Erkenne und erlaube dir die Rückendeckung aus dem Bewusstsein, die du in schwierigen Zeiten in dir findest. Du bist legitim, erwünscht, geliebt und wichtig!

Channeling-Botschaft an dich

Wir, das Kollektiv, werden immer für dich da sein und dich leiten. Wir respektieren jedoch deinen freien Willen und erwarten, dass du beginnst, Teil von allem und dennoch selbst-

ständig zu sein. Richte die Bitte um Hilfestellungen, die du brauchst, an uns. Sei dir jedoch im Klaren darüber, dass wir dir umso konkreter helfen werden, je konkreter du erkennst, was du brauchst. Manchmal werden wir diese Arbeit für dich tun, und manchmal wirst du selbst diesen Raum in dir entdecken müssen.

Vorsicht, Falle!

Wenn wir es auch geschafft haben, wieder zurück zu unserem ursprünglichen, echten Kern zu finden und in ihn einzutauchen, verlangt das Leben manchmal trotzdem noch, dass wir uns mit gewissen »Fallen« oder Mustern in der Spirale auseinandersetzen. »Leben und erleben« heißt hier das Motto: Jedes Mal, wenn wir einen Spirit-Move-Schritt gemacht haben, vertieft dies unseren Zugang zu uns selbst und kann uns sehr wohl langfristig vor gewissen Fällen beschützen. Wir werden bewusster und achtsamer in unserem Voranschreiten. Bis zum Ende unseres irdischen Lebens können wir Wandlung und Magie in und um uns herum erleben, wenn wir es wollen, zulassen und auch ein klein wenig dafür tun. Lass dir also nicht von Rückschlägen deine kostbare Zeit auf Erden madig machen. Du hast alles in dir, um immer wieder aufzustehen und weiterzugehen. Wie gesagt: Aufgeben zählt nicht, dazu bist du viel zu wichtig!

Nicht alles auf einmal (Ungeduld)

Alles lässt sich verändern, auch wenn wir manchmal meinen, wir hätten keine Wahl. Vergiss nicht, dass du immer die Möglichkeit hast, dich zu entscheiden, auch wenn die Optionen nicht unbedingt in jedem Fall dem entsprechen, was du dir wünschst oder ausmalst. Manchmal müssen Veränderungen, damit sie sich so entwickeln, wie wir es wollen, in mehreren Schritten vollzogen werden. Das heißt also, dass du dich mit dem ersten Schritt, der deiner Meinung nach »nur halb gut« sein mag, erst mal zufriedengibst, bis der zweite eine weitere Besserung mit sich bringt und der dritte dann möglicherweise ganz neue, noch bessere Facetten für dich bereithält.

Bildlich gesprochen, geht es auch nicht »immer nur bergauf«. Das Durchalten, also das bereits genannte »Durchschreiten der Ebene«, gehört ebenso dazu. Viele geben sich aber schon auf, weil sie nicht gleich beim ersten Schritt das bekommen, was sie sich erhofft hatten. Nun, lass dich davon nicht blockieren. Bleib flexibel, und durchforste immer möglichst alle Optionen und Perspektiven – in dir und auch im Außen.

Alter ist relativ

Es gibt Menschen, die ich begleite, die schon in einem guten Alter sind. Manche, so um die siebzig, dachten, dass das Leben für sie schon fast vorbei sei beziehungsweise keine Prüfungen oder schönen Begegnungen wie eine neue Partnerschaft mehr mit sich bringen könnte. Oft sind sie dann ganz erstaunt, wenn es dann doch spannend bleibt.

Ich erinnere mich gern daran, dass vor vielen Jahren eine über achtzigjährige Frau in eine Sitzung kam. Ich staunte nicht schlecht, denn als ich für sie meinen prophetischen Zugang öffnete, erhielt ich sehr aktive Visionen für ihre kommenden Jahre. Über meine Hellsinne konnte ich erkennen, dass sie in den Süden auswandern würde. Sie würde auf einem Markt, besonders dort, wo Töpferwaren angeboten werden, neue Freunde und auch einen neuen Partner kennenlernen (sie war schon seit einer Weile Witwe). Und ich sah, dass sie an diesem neuen Standort eine neue Ausbildung beginnen würde! Sie schaute mich an und lächelte, bevor sie zu sprechen begann: »Ich habe schon fast alles gepackt, und in drei Wochen wandere ich nach Spanien aus.« Sie war bereit, ein komplett neues Leben zu beginnen, und das in einem Alter, in dem viele eher an ihr nahendes Ende denken.

Bis heute ist diese Frau ein großes Vorbild für mich. Denn sie hat etwas ganz Wichtiges erkannt. Abhängig von der Gesundheit, bestimmen wir ganz allein, wann wir unser Leben in die Hand nehmen und verändern wollen. Solange noch Kraft in uns steckt, wir mutig sind und es wollen, bietet uns das Leben bis zum letzten Atemzug viele, wenn nicht fast alle Möglichkeiten. Wie viele Menschen behaupten bereits mit Anfang fünfzig oder bestimmt ab sechzig, dass es sich nicht mehr lohne, etwas Wesentliches zu verändern, weil man schon zu alt sei. Wir allein entscheiden uns für unser Leben, und diese Erkenntnis ist sehr machtvoll!

»Nur mit sehr viel Geld klappt's«

Eine weitere Blockade, die wir uns selbst in den Weg stellen, ist die Vorstellung, dass wir nur dann grundlegend etwas verändern könnten, wenn wir möglichst viel Geld beziehungsweise materiellen Reichtum besäßen. Das war auch einer meiner Triggerpunkte, mit denen ich zu kämpfen hatte und die ich immer wieder aufs Neue beiseiteschieben musste. Ich dachte, dass ich erst dann, wenn ich Millionen auf meinem Konto hätte, all das tun könnte, was ich gern wollte.

Auch ohne dieses viele Geld habe ich es geschafft, mich sehr früh mit Dingen beschäftigen zu können, die mich wirklich interessierten; und ich konnte meinen Weg, vor allem meinen beruflichen, trotzdem entsprechend ebnen. Weil ich nicht aufgegeben und Menschen gefunden habe, die mir halfen, auch wenn es nur Etappe für Etappe vorwärtsging. Ich erkannte meine Fähigkeit, durchzuhalten und zu arbeiten, und war mir in jungen Jahren auch nicht zu schade, etwa durch »Putzengehen« selbst Geld zu verdienen.

Da ich meine Ausbildung noch nicht abgeschlossen hatte und dennoch aus eigener Kraft zahlungsfähig sein wollte, war dies für mich eine gute Lösung. So hatte ich die Möglichkeit, mir Material zu kaufen, das ich künstlerisch verarbeiten konnte, und so begann ich, durch den Verkauf meiner Bilder oder des Schmucks wiederum Geld zu verdienen, um mich weiterbilden zu können. Sich nicht zu schade zu sein, die Kraft zu nutzen, um darauf einen neuen Schritt bauen zu können, durch Selbsthilfe Unabhängigkeit zu schaffen, das ist ein wunderbares Gefühl!

Es ist nicht nur auf materieller Ebene viel mehr möglich, als wir im uns einengenden Egozustand denken mögen, wenn wir dem Lebensfluss nur erlauben, mit uns zu arbeiten. Diese Herangehensweise an die Herausforderungen des Lebens ist auf allen Ebenen Erfolg versprechend.

Spiritueller Egoismus

Seit vielen Generationen schon versuchen Menschen, ihr Bewusstsein zu erweitern und durch eine Art »Erleuchtung« ein sinnvolles, besseres und entspannteres Leben zu erhalten. Wenn wir uns den letzten Abschnitt der spirituellen Entwicklung der Menschheit genauer anschauen, dann finden wir immer wieder spirituelle Heil- und Entwicklungsansätze, die oft so ausgelebt werden, dass sie in spirituellen Egoismus münden können. Dies treibt den Suchenden letztlich aber in die Einsamkeit. Die Haltung »Wenn du ein Problem mit mir hast, dann ist das nicht meines, sondern deines.« ist in meinen Augen weniger gut. Denn oft führt diese Einstellung dazu, dass sich der Betroffene in jedem Fall aus der Verantwortung ziehen zu können glaubt, denn er setzt ja voraus, dass seine Ansichten und seine Verhaltensweisen immer legitim seien, auch wenn er einem Trugschluss unterliegt.

Das Thema »Eigenverantwortung« ist hierbei eine sehr wesentliche Sache. Es gibt viele Menschen, die sich als sehr bewusst bezeichnen, die aber immer wieder ihre Verantwortung abgeben wollen. Irgendwie sucht ein Teil in uns auf irgendeine Art manchmal nach Führung, weil man ja nichts falsch machen möchte. »Falschmachen« als solches gibt es aber auf dem Weg nicht. Wenn wir nach bestem Wissen und Gewissen Entscheidungen treffen, hat das zuweilen auch unerwartete oder unangenehme Konsequenzen, die wir zwar tragen können und sollen, trotzdem jedoch manchmal nicht wollen. Auch das ist eine Form von Egoismus. Es reicht oft, diese Zusammenhänge zu erkennen, um auch daraus zu lernen und weiterzukommen.

Weit verbreitet ist darüber hinaus die Fehlinterpretation der »Devise«, man solle hauptsächlich auf seine eigenen Bedürfnisse schauen. Oft höre ich dann einen Spruch wie: »Jetzt komm ich aber dran. Ich habe mich oft genug für andere aufgegeben, es geht von jetzt an nur noch darum, was ich will.« Viele haben aus ihrem Muster gelernt, dass sie in der Vergangenheit viel zu wenig auf ihre Bedürfnisse geschaut haben, und ziehen daraus die durchaus richtige Erkenntnis, dass sie auch auf sich blicken und entsprechend mehr für sich in Anspruch nehmen dürfen. Das ist absolut legitim! Nur in der Praxis, wir kennen ja mittlerweile das

Ego, verhält es sich dann nicht selten so, dass man den Bogen ein wenig überspannt und nur noch sich selbst sieht, was ebenfalls wieder zu Einsamkeit führt.

Es kommt wie bei allem auf das richtige Maß an, damit es gesund ist. Die Wahrheit liegt in der Mitte. Funktionieren kann es nur dann gut, wenn wir erkennen, dass wir sehr wohl für uns selbst sorgen müssen, bevor wir uns überhaupt um andere kümmern können. Das Herz durchblutet sich ja auch erst mal selbst, ehe es die übrigen Organe versorgen kann. Das Leben wollen und sollen wir aber nicht einsam, sondern gemeinsam erleben, weswegen wir im gebotenen und uns zuträglichen Maß auch immer wieder füreinander da sein sollten.

Versteh mich hier bitte richtig: Das Alleinsein genießen zu können ist etwas Wunderbares und hat auch etwas sehr Heilsames. Aber damit wir die Aufgabe hier im Kleinen wie im Großen meistern können, brauchen wir einander!

Vernebelung durch Konsum

In den letzten fünfzig Jahren sind wir dem übermäßigen Konsum verfallen. Die Welt hatte massiv gelitten, und nachdem der Zweite Weltkrieg und die magere Zeit danach vorüber waren, kam vermehrt die Lust am Verschwenden auf und daran, »es sich gut gehen zu lassen«. Mangel erzeugt wie ein gespanntes Gummiband den Zug in die Gegenrichtung dessen, was wir gerade zur Genüge oder zu wenig hatten. Also muss die Fülle wie durch einen »inneren Zwang« kommen.

Unsere Gesellschaft, ich sehe es jedes Mal, wenn ich einkaufe, bewegt sich längst in einem dekadenten Überfluss. Egal, ob wir durch die Elektronikabteilung schlendern oder an der Fleischtheke vorbeilaufen: Stets wird dies offensichtlich. Es ist von allem zu viel.

Jeder meint heute, das Anrecht zu haben, zu jeder Zeit und überall alles zu bekommen: Man hat ja so schwer gearbeitet oder man hat gerade eine Schmerzerfahrung gemacht. Vielleicht wurde man auch betrogen, übersehen oder verlassen. Man gönnt sich also etwas, um sich zu »belohnen« oder die negative Erfahrung zu kompensieren. Aber aus der Konsumforschung wissen wir, dass dieser trügerische Zustand nicht lange anhält. Dann brauchen wir wieder eine neue, in der Regel größere Dosis des Kompensats und geraten somit in die sogenannte hedonistische Adaptation (Anpassung) oder hedonistische »Tretmühle« (vom griechischen Wort hēdonē, das unter anderem »Lust« und »Genuss« bedeutet).

Das aktuelle Weltwirtschaftssystem, mit all seinen Materialschlachten der westlichen Überflussgesellschaften und den fatalen Konsequenzen für Mensch und Umwelt, würde wahrscheinlich nicht so wüten können, wenn wir lernen würden, was es wirklich heißt, bewusst zu sein. Wir könnten uns eine Menge Nerven, Energie und Ressourcen sparen, wenn wir unsere Bedürfnisse bewusster erleben und wahrnehmen würden.

Hierzu ein Vergleich: Das Zigarettenrauchen habe ich vor vielen Jahren aufgegeben. Zu Spitzenzeiten zog ich zwei Packungen pro Tag durch. Die meisten der Zigaretten rauchen wir aus Gewohnheit, nicht, weil wir wirklich Lust darauf hätten oder uns den »Genuss« gönnten. Wenn wir die Zigaretten nicht unbewusst konsumieren, sondern von Beginn an jeden Zug genauestens wahrnehmen würden, könnten wir spüren, wie der Rauch unsere Lungen füllt. Dann würde uns in den meisten Fällen wohl ganz schnell übel dabei werden, und uns wäre schnell klar, dass wir darauf eigentlich gar keine Lust haben und es uns alles andere als guttut …

Neue Abhängigkeiten

Praktisch alle bekannten digitalen Social Media sind bereits lange auch in der spirituellen Szene angekommen. Man folgt den Influencern, die Weisheit schon fast am laufenden Meter anpreisen und einen vermeintlich hypergesunden Lebensstil vermitteln wollen. Am besten noch mit Tipps aus einem paradiesischen, wahrscheinlich für die meisten nicht bezahlbaren Ambiente.

Auch ich bin auf diesen Plattformen präsent und nutze sie, um auf der digitalen Ebene Kontakt mit meinen Leserinnen und Schülern zu halten. Und auch ich habe längst bemerkt, wie ich ein bestimmtes Bild vermitteln will. Doch diese Art der Selbstdarstellung hat für mich nicht selten auch einen schalen Beigeschmack. Deshalb ist es mir wichtig, Dinge zu teilen, die möglichst einen wirklichen Mehrwert für den Betrachter mit sich bringen.

Ich bin ein sehr visueller und kreativer Typ, das spiegelt sich natürlich auch in einigen meiner Posts. Die Gefahr besteht darin, dass sich manche meiner Abonnent*innen oder Follower*innen die Illusion eines perfekten Lebens machen könnten, das kurzzeitig Ablenkung bietet, wie es üblicherweise auch ein TV-Boulevard-Format bietet. Irgendwann löst diese Projektion des scheinbar perfekten Lebens automatisch Gefühle aus, die aufwühlend sein können. Denn in dem Moment meint der Betrachter zu erkennen, dass er im Vergleich zum Gesehenen ein vielleicht langweiliges oder materiell begrenztes Leben führt. Das löst dazu dann oft noch schlechtere Gefühle mit Blick auf das eigene aktuelle Dasein aus.

Ein schönes Leben als Vorbild zu zeigen mag durchaus einen positiven Effekt haben. Der Zuschauer kann sich davon auch inspirieren lassen. Nur sollten wir uns bewusst sein, dass dort in der Regel lediglich die Schokoladenseiten präsentiert werden. Allein durchs Zuschauen hat sich noch in keinem Leben automatisch etwas zum Besseren verändert. Man braucht seinen Fokus und muss selbst aktiv werden, um die Inspiration, die man erhält, auch im eigenen Leben individuell wirken zu lassen.

Allein die Welt zu verändern ist natürlich nicht so leicht, deswegen machen wir das gemeinsam! So leicht geht das: Wir entscheiden uns für ein neues, bewussteres Leben und leben dies auch. Sobald du diesen Schritt in dir ermöglichst, wirst du sozusagen per Gesetz – das spirituelle Gesetz der Resonanz natürlich – Menschen in deinem Leben anziehen, die auf einer ähnlichen »Wellenlänge« sind wie du. Alles wie von selbst ohne eigenes Dazutun, das geht nämlich nicht. Aber wir bleiben trotzdem in der Eigenverantwortung. Auch wenn die Schritte anfangs oder zwischendurch nicht ganz so leicht oder schnell zu vollziehen sind, wie wir das gern hätten. Wir öffnen uns dabei für die Vorstellung eines Miteinanders und Füreinanders. Wir visualisieren eine neue Zukunft und gehen mutig voran.

Channeling-Botschaft an dich

Die Welt gibt dir ihre Kostbarkeiten frei, sie wird sie nicht limitieren. Du wirst immer selbst prüfen müssen, wie viel und wovon du kosten möchtest. Nimm so viel Erfahrungen, wie sie dich und deine Umgebung bereichern, mit auf deinen jetzigen Lebensweg. Auch wenn du dir manchmal unsicher bist oder gar zweifelst, ob du immer auf das richtige Pferd gesetzt hast, ist alles, was du erlebst, wichtig für dich und für uns alle.

Was die Zukunft bringt

Wir fragen uns wohl mehr oder weniger alle, was uns die Zukunft wohl noch bringt. Es gibt alllerlei himmlische, aber auch düstere Prognosen von Hellsehern und Wahrsagern. Auch die Wirtschafts- und Zukunftsforscher scheinen sich nicht immer ganz einig zu sein. Die Welt hat uns schon mehr als einmal mit unerwarteten Wendungen überrascht. Und doch verfügen wir auch heute noch über Fähigkeiten, die wir längst vergessen haben, um Herausforderungen aller Art zu begegnen und auf lange Sicht eine Änderung zum Besseren zu bewirken. Bekanntlich stehen wir nicht das erste Mal in der Menschheitsgeschichte an einer Weggabelung. Wir können das Steuer in die Hand nehmen und, wenn wir es wollen, auch bedienen. Wenn wir den Spirit Move in uns spüren, dann merken wir, dass es um mehr geht als nur die eigene Bedürfnisbefriedigung und dass wir am Ende trotzdem unsere Belohnung erhalten, wenn wir uns nur auf das »Mehr« konzentrieren.

Was, wenn die Zukunft uns viel Freude bringen würde? Was, wenn die Zukunft es uns allen ermöglichte, »einfach zu leben«? Wenn wir alle die Möglichkeit bekämen, unseren Platz und unsere Aufgabe zu erkennen, und auf dem Weg in ein zufriedenes Leben das rastlose Treiben und gierige

Plündern des Planeten einfach hinter uns ließen? All das ist möglich. Wenn wir es denn wollen, und wenn wir bereit sind, alle damit verbundenen Konsequenzen zu tragen.

Meine Erwartungen an die Menschheit sind groß. Auch wenn ich weiß, dass viele, die gerade auf der Erde »reisen«, gar kein neues Leben oder überhaupt eine Veränderung wollen. Sie haben es sich gemütlich eingerichtet in einem beschaulichen Dasein, geben sich eher mit ihren Begrenzungen zufrieden, als ihre Komfortzone zu verlassen, und blenden gewisse Umstände, die sie nur unbewusst als Ungereimtheiten wahrnehmen, einfach aus. Und doch gibt es genug Menschen, die die Komplexität und Erfordernisse des Lebens besser zu verstehen beginnen. Es ist gerade in der jetzigen Zeitqualität wichtig, uns zu vernetzen und uns einen Raum zu schaffen, wo sich unser aller Leben positiv verändern kann. Wir tragen uns alle gegenseitig, jeden Einzelnen, zu jeder Zeit. Das ist und bleibt unsere Herausforderung. Wir sind fähig, viel zu tragen und zu ertragen, und zwar ohne dabei die Verantwortung für alle zu übernehmen, noch sie im Gegenteil komplett abzugeben. Die kommende gemeinsame Wegstrecke bringt eine grundlegende Bewegung mit sich, die uns alle auffordert, uns mutig unseren Ängsten zu stellen und uns zu erlauben, an eine neue Welt und an ein neues Zusammensein zu glauben, an deren Erschaffung wir teilhaben.

Das Anrecht auf gleich würdiges Leben

Der Mensch wird in eine Welt hineingeboren, in der er frühestmöglich darauf geeicht wird, der Gesellschaft in erster Linie auf einer materiellen Ebene zu »dienen« und sich dazu einem Konkurrenzkampf in einer Welt zu stellen, die sich über Mangel definiert. Dabei gilt es, möglichst viel vom Kuchen abzubekommen, auch wenn der eine oder andere Mitmensch dabei leer ausgehen sollte.

Meine Frage ist: Für welche Gesellschaft – besser: welchen Teil der Gesellschaft – tun wir das? Und wer definiert da, was unsere Gesellschaft wirklich braucht? Fragen dieser Art hast du dir bestimmt auch bereits häufiger gestellt.

Schon immer war es mir beispielsweise irgendwie ein Rätsel, warum es Menschen gibt, denen Land »gehört«, und andere, die nichts dergleichen »besitzen«. Ich frage mich, wie es eigentlich dazu gekommen ist, dass man Mutter Natur kaufen und verkaufen kann. Der Mensch ist offenbar wie ein eingezäuntes Tier, das durch Barrieren in Schach gehalten werden muss. Wie könnte es denn in Zukunft aussehen? Eine Erde, auf der jeder das gleiche Anrecht hat, zu leben, Nahrung zu bekommen, zu arbeiten und sich weiterzuentwickeln. Könnte es nicht viel leichter sein – ohne dieses Gefühl des ständigen Miteinander-Konkurrierens und Vergleichen-Müssens?

Für manch einen klingt das recht naiv und ist ja zum jetzigen Zeitpunkt sicher auch noch eine große »Utopie«. Und an vielleicht ganz ähnlichen Utopien sind auch schon politische Systeme gescheitert. Trotzdem dürfen und sollten wir unsere Gedankenkraft in diese Richtung lenken, finde ich. Würde die Menschheit sich in ihrer wahren Größe und die wahren Bedürfnisse des Kollektivs erkennen und anerkennen, dann könnte die Erde noch magischer und erleuchteter sein, als sie es ohnehin im Grunde schon ist.

Werden wir den anderen so viel zugestehen wie uns selbst? Werden wir es schaffen, nicht ständig in Konkurrenz zu leben? Wird es eines Tages nicht mehr wichtig sein, wie viel jemand auf seinem Konto hat? Nun, so ganz können wir das im Moment vielleicht noch nicht glauben. Aber wenn wir beginnen, ehrlich zu uns zu sein, dann ist uns klar, dass wir schon die Sehnsucht nach einem guten Miteinander in uns tragen. Die Sehnsucht nach einer gemeinsamen Erfahrung. Niemand will allein sein, niemand möchte alles selbst stemmen müssen, auch wenn uns das kurzfristig Kontrolle und Sicherheit vorgaukeln könnte. Wir wollen gemeinsam statt einsam sein. Im Kleinen wie im Großen, manchmal im Nahen und manchmal auch im Fernen.

Wenn wir es uns erlauben könnten, den anderen mehr zu gönnen, »Fehler« zu verstehen und jedem seinen Platz und sein Anrecht auf ein Leben in Würde zuzugestehen, dann wäre dies schon einmal ein guter Anfang. Viele von uns, hier auf der nördlichen Hemisphäre, haben den Luxus, so denken zu können. Andere kämpfen tagtäglich darum, nicht zu verhungern. Aber wenn wir schon einmal damit beginnen, uns diese Gedanken zu erlauben, so sollten sie langfristig auch wirklich global umgesetzt werden können. Deswegen wird es Zeit, uns gegenseitig und gemeinsam den Raum zum Leben zu geben. Nicht gegen die Materie, sondern mit ihr. Materielle Dinge und Geld (auch wenn dies mittlerweile sehr abstrakt geworden ist) sind noch immer Teil unserer Welt. Langfristig wird uns Geld nicht mehr in derselben Form tragen können. Bis es aber so weit ist, dass unser System sich neu erschafft, wird es noch ein wenig dauern. Vorher brauchen wir einen Spirit Move! Und zwar dort, wo wir beginnen können, nämlich in uns selbst. Die Materie darf geliebt werden, diese Liebe sollte aber im Einklang mit den spirituellen Bedürfnissen stehen.

Unsere nächste Entwicklungsstufe ist, uns zu vergeistigen? Nein, auf keinen Fall! Es ist zuerst einmal diejenige der bewussteren Vereinigung von Materiellem und Spirituellem – und dann irgendwann folgt vielleicht ein neuer Entwicklungssprung hin zur Vergeistigung auf Erden, wie auch immer dies genau aussehen mag. Alles braucht seine Zeit, wir können aber trotzdem beginnen, eine Veränderung in unserem Leben zu wagen.

Die interdimensionale Wirklichkeit

Dazu wird es Zeit, dass wir uns als Menschheit im ersten Schritt den Zugang zur interdimensionalen Realität eingestehen, in der wir leben. Der Realität der nonverbalen Interaktion unserer Seelen hier auf Erden. Im zweiten Schritt könnten wir uns den Schubs geben, die interdimensionale Interaktion zwischen dem Diesseits und dem Jenseits anzuerkennen. Welch großen Schmerz durchleiden wir doch durch die Angst, uns unsere eigene Endlichkeit hier auf Erden einzugestehen. Wenn wir diesen Druck der Angst vor dem Sterben loslassen könnten, dann bliebe so viel Wunderbares zurück.

Damit anzufangen, über die materielle Welt hinauszudenken, ist eine dringende Notwendigkeit. Wenn du erst einmal erkennst, wie großartig und einzigartig du als interdimensionales Wesen bist, dessen Ende nicht mit dem physischen Tod besiegelt ist, dann entfachst du eine Kraft in dir, die dich über alles hinwegträgt. Wenn du fühlst, dass diese irdische Welt dennoch nicht einfach eine Illusion oder, wie es im Sanskrit heißt, »Maya« ist – ebenso wenig, wie sie die einzige Wahrheit ist –, sondern eine ganz spezielle Erfahrung, die dir Unglaubliches ermöglicht, dann hörst du auf zu kämpfen und beginnst zu leben.

Wer außer dir hat die wirkliche Kontrolle über dich und dein Leben? Erkenne, dass du ein »normales« materielles Leben zu leben hast und gleichzeitig ein spirituelles, sensibles Wesen bist. Die Magie, wenn ich sie denn nur in Worte fassen könnte, die Magie der Interdimensionalität würde es schaffen, uns allen einen kollektiven Höhenflug zu bescheren und uns in ein neues Bewusstsein zu katapultieren.

Wir sind nicht hier, um einfach nur irgendwie zu funktionieren, bis wir tot sind. Wir sind hier, um zu lieben, Kinder zu bekommen, sicher auch, um uns bis zu einem gewissen Grad in der materiellen Welt einzurichten, damit wir anderen nicht auf der Tasche liegen. Erkennst du in dir auch den Funken, der dir einen Zugang erlaubt und dir zeigt, dass du Teil von etwas ganz Großem und Besonderem bist? Teil von etwas, was auch du kaum in Worte fassen kannst? Merkst du, wie in dir ein Drang nach Liebe, Gemeinschaft, Gesellschaft und Kreativität entfacht wird? Fühlst du, wie wunderbar das Leben sein könnte, wenn wir es uns nur zugestehen würden?

Idealerweise sollte sich jeder um dich herum erlauben, das alles in sich zu fühlen. Jeder sollte erkennen, dass Zeit nicht linear, sondern relativ ist. Wenn alle um dich herum beginnen würden, über ihr Ego hinaus zu fühlen und das Bedürfnis zu erkennen, etwas Wundervolles ins Leben zu rufen: Wie schön wäre es, wenn du einfach da sein dürftest, ohne irgendjemandem etwas beweisen zu müssen? Wenn du die Stärke in dir spüren könntest, die Dinge, die dich beflügeln und tragen können. Begegne dem Leben offen und neugierig, und die Inspiration aus dem höheren Bewusstsein wird folgen.

Es ist unglaublich erhellend, die Bedeutung seines eigenen Platzes in der großen Sternenkonstellation zu fühlen. Sich nicht als Staubkorn zu sehen, sondern die Magie wahrzunehmen, da zu sein in diesem unglaublich großen Gebilde, das uns alle umgibt und durchdringt, das schon unendlich ist und jenseits dessen es noch unendliche Dimensionen gibt, die sich unserer gewöhnlichen Vorstellungskraft entziehen. Sich zu fühlen und diese Einzigartigkeit seines inneren Kerns zu nutzen ... Erkenne, wozu du fähig bist und wie du mit allem verbunden bist. Du bist Teil eines großen interdimensionalen Entwicklungsprozesses.

Deine Probleme, Ängste und Sorgen haben ihr Anrecht, da zu sein. Sie haben aber kein Recht, dir zu verbieten, dass du dich als dieses großartige Wesen auf dieser besonderen Erde erkennst. Die Frage ist, worauf richtest du deinen Fokus? Die Welt ist bereit für eine Veränderung. Bist du es auch?

Channeling-Botschaft an dich

Erkenne die Erde als magischen Ort. Du hast diesen Platz auserwählt, um eine wichtige und besondere Rolle sowie eine Erfahrung auf dich zu nehmen. Erlaube dir das Bewusstsein, und nutze deine Seelenkraft, um dem wundervollen Platz »Erde« genauso wie der mit dir inkarnierten Menschheit zu helfen, einen wundervollen leuchtenden Sprung in eine gemeinsame und erhebende Zukunft zu machen. Schon bald wird die Zeit kommen, wo die Menschen in eine Gemeinschaft aufgenommen werden, die in einer intergalaktischen Zusammenarbeit gründet. Die Menschheit wird Zugang erhalten zu Technologien und Reisen, die von solch einer Bedeutung sind, dass dem Leben eine ganz neue Rolle beigemessen wird. Sei gespannt auf das, was noch kommt. Sei dankbar, sei ein wichtiger Teil eines großartigen interdimensionalen Zusammenwirkens.

Ein Wort zum Schluss

Erlaube dir den Zugang zu dir selbst. Tauche ein in dein Bewusstsein, und erkenne, dass du dich von innen heraus stark machst, denn du bist Teil einer kollektiven interdimensionalen Reise, auf der es darum geht, dass du lebst, erschaffst und veränderst. Sei geduldig mit dir, und erlaube dir selbst, für dich und für andere zu strahlen. Du bist ein Vorbild, und diese Funktion kann dich unendlich befriedigen.

Dein Spirit Move ...

- ... leuchtet aus dir und scheint auf andere.
- ... transformiert deine Kraft in dein Umfeld bis tief in Mutter Erde hinein.
- ... öffnet den Weg in eine neue und lichtvolle Zukunft.
- ... erweitert dein Bewusstsein, um die Reise mit all ihren Facetten zu erfahren.
- ... erlaubt dir, dich und andere als das zu erkennen, was wir sind, nämlich spirituelle Wesen, die eine materielle menschliche Erfahrung machen.
- ... hilft dir, Hürden zu überwinden und innere Kraft und Stärken aus deinen Erfahrungen zu ziehen.

Egal, was war, egal, was ist, egal, was sein wird: Du bist und bleibst ein wichtiger Teil von uns allen.

Deine Sue Dhaibi

Dank

Auf diesem Weg bedanke ich mich bei allen Menschen, die mich in meiner Entwicklung unterstützt haben. Jede Begegnung bleibt kostbar.

Ein Dank geht an Sonja Sanzenbacher und Steven Radlinger. Ihr habt mir den Impuls gegeben, dieses Buch zu schreiben.

An meine Schwester. Du bist eine wundervolle Seele, auf die ich immer stolz sein werde.

Ein spezieller Dank geht an meine Mutter. Danke, dass du mir erlaubt hast, unsere Geschichte zu erzählen. Du bist ein wunderbarer Mensch, dem ich mein Leben verdanke. Ohne dich und deine Geschichte hätte meine Geschichte nie erzählt werden können. Du hast viele Opfer für mich erbracht, deswegen werde ich immer demütig und dir dankbar sein.

Anhang

Übungsverzeichnis

Das »Spirit Movement« – Wie du mit mir in Verbindung bleibst

Gemeinsam statt einsam: eine Devise, die ich bestimmt mehr als einmal in diesem Buch genannt habe. Wir fühlen die Sehnsucht nach dem Bund mit einem höheren Bewusstsein, und es fehlt uns nur noch ein relativ kleiner Sprung hin zu einer neuen Gesellschaft. Einer Bewegung, die für eine neue Zukunft einsteht und für eine Menschheit, die miteinander statt gegeneinander arbeitet. Eine Gesellschaft, in der der Einzelne seine wahren Bedürfnisse kennt und sieht, wie diese ohne nennenswerte Probleme gelebt werden können.

Aus den Erfahrungen der letzten Jahre ist meine Vision eines »Spirit Movements« entstanden, einer spirituellen Interessengemeinschaft, die für das Weiterkommen der Menschen sorgt. Einer Plattform, um Menschen zu vereinen, um gemeinsam an einer bewussten und gesunden Zukunft zu arbeiten. Eine Gemeinschaft aus selbstständigen und verantwortungsbewussten und bewussten Menschen. Eine Plattform, um Kräfte zu vereinen, eine Gemeinschaft, um anzukommen. Eine Gemeinschaft hin zu Menschlichkeit und der Hilfe zur Selbsthilfe. Ein Platz, an dem du dich mit vielen Menschen auf internationaler Ebene treffen kannst, um deine Stärke zu fördern und das Kollektiv zu integrieren. Erkenne, wie viele wunderbare Menschen es auf der Welt gibt, und ermögliche dir den Zugang zu einem Netzwerk, bei dem du ein wichtiger Teil von etwas Großem werden kannst.

Wenn du weiterhin Teil einer ganz besonderen Erfahrung sein möchtest, dann verbinde dich mit mir auf folgenden Kanälen und Seiten:

www.sue-dhaibi.com
www.spirit-movement.com

Melde dich für den Newsletter an, um immer auf dem neu-
esten Stand der spirituellen Community zu bleiben, oder
verbinde dich in den sozialen Medien mit mir, und erhalte
immer spannende Impulse für dein Leben:

- für Videos, Talks mit spannenden Gästen und Meditatio-
  nen der YouTube-Link:
  www.youtube.com/c/SueDhaibi-Connected
- für die kreative Seite in mir der Instagram-Link:
  https://www.instagram.com/suedhaibi
- für ein Sammelsurium an Fotos und News der Facebook-
  Link:
  www.facebook.com/SUE.DHAIBI.Medium/

Sue Dhaibi

Jenseitskontakte sind keine Zauberei

»Medialität ist keine Gabe, die man hat oder eben nicht, sondern sie folgt klaren Prinzipien – und die kann jeder erlernen!« Sue Dhaibi ist ein Jenseitsmedium, eine Mittlerin zwischen der sichtbaren und unsichtbaren Welt. Auf sehr sympathische, bodenständige Weise zeigt sie: Den Kontakt zu Verstorbenen herzustellen, das ist ganz natürlich und jedem Menschen möglich. Alles, was man dafür braucht, sind eine gute Technik, ein wenig Übung und ein Gespür für sich und die eigenen Grenzen.

Dieses umfassende Praxisprogramm zeigt, wie man sich der eigenen Verbindung zur Geistigen Welt bewusst wird und diese für sich und andere nutzen kann – um lieben Verstorbenen wieder zu begegnen sowie Rat, Trost und Hilfe für das eigene Leben zu erhalten.

978-3-7787-7540-0

Ansata